운명을 바꾼 이야기

인因과果실實화話

원요범

운명을 바꾼 이야기

인因과果실實화話

초판2쇄 인쇄 2022년 01월 04일
초판2쇄 발행 2022년 02월 11일

지은이 원요범
펴낸이 김지숙
펴낸곳 북도드리
등록번호 제2017-88호

주소 서울시 금천구 가산디지털2로 98
       B212호 (가산동, 롯데IT캐슬)
전화 (02) 868-3018
팩스 (02) 868-3019

전자우편 bookakdma@naver.com
I S B N 979-11-964777-7-6 03220

∘ 책값은 뒤표지에 있습니다.
∘ 잘못된 책은 바꾸어드립니다.

이 도서의 국립중앙도서관출판도서목록(CIP)은 서지정보유통지원
시스템 홈페이지(http://seoji.nl.go.kr)와 국가자료공동목록시스템(ht
tp://nl.go.kr/kolisnet)에서 이용하실 수 있습니다.
(CIP제어번호 : CIP2020030916)

운명을 바꾼 이야기

인因과果실實화話

원요범

북도드리

머리말

먼저 주라! 주면 주어진다.
줄 것이 없다고 말하지 말라.
밝은 웃음, 따뜻한 물, 축복의 생각은
언제든지 얼마든지 줄 수가 있다.

  여기 운명을 바꾼 사람의 이야기가 있다. 중국 명나라 시대에 원요범袁了凡이라는 사람이 있었다. 그는 과거공부를 하고 있었으나 아버님이 돌아가시고 생계를 잇기 위한 수단으로 의학을 공부하라는 어머니의 말씀에 따라 의학공부를 하려고 마음먹는다.
  그러던 어느 날 공孔 선생이라는 분을 만나게 되는데, 공 선생은 원요범이 의학을 그만두고 과거에 합격해서 벼슬을 하게 될 것이라 예언한다.

 수명은 53세 8월 14일 병사. 아들은 없을 것이고, 모년某年 현縣 시험에는 14번, 부府 시험에는 72번, 도道 시험에는 9번으로 급제할 것이고 그 시험은 반드시 명년이 될 것이다.

 원요범은 나이가 들어가면서 공 선생의 예언이 적중해가자, 사람에게는 운명이 정해져 있으니 스스로 어찌할 수 없다고 생각하여, 운명을 받아들이면서 담담하게 소극적으로 살아간다.

 그러던 어느 날, 운곡雲谷 선사를 만나면서 운명은 바꿀 수 있다는 것으로 인생관을 바꾼다.

 "모든 것이 팔자소관인데 노력한들 무슨 소용이 있겠습니까?"라고 하는 원요범에게 운곡 선사는 "모든 인생은 운명이 정해진 게 아니다. 지나간 과거의 원인행위에 의해서 오늘 현재의 생활이 주어지기 때문에 지금 이 시간부터 네가 새롭게 마음을 닦고 복을 지으면 오늘 이후부터 새로운 복의 과보가 나오는 것이 이 세상의 이치다."라고 전하였다.

운곡 선사의 말에 감명을 받은 원요범은 '학해學海'라고 부르던 호를 '평범한 생활을 마친다.'는 뜻의 '요범了凡'으로 바꾼다.

혼자 있을 때에도 생각과 몸가짐을 바르게 가지려고 노력하며 주위사람들에게 성실하고 근면한 모습으로 대하고 어려운 사람들을 돕는 데 최선을 다한다.

또한 매일 '공과격功過格'이라는 생활기록을 했는데, 매일 좋은 일을 몇 가지 하였으며, 어떠한 마음으로 하는가를 스스로 반성, 경계하면서 적어나 갔다.

부인과 함께 가난한 사람에게 음식을 보시하고,

팔려가게 된 사람을 사들여 놓아주기도 하면서 부지런히 공덕을 쌓아나갔다.

그런 덕분에 팔자에 없다는 아들도 얻고, 3천 공덕을 서원하고 이룩한 뒤에는 현감으로 승진까지 하였다.

원요범이 52세가 되던 해에 명나라의 임금은 원요범에게 당시 임진왜란으로 어려움을 겪던 조선으로 조선원군부총사령관이라는 직책을 주어 참가하도록 명령한다.

임금은 그를 조선으로 보내면서 "음덕陰德을 많이 쌓은 사람은 살상殺傷이 많은 고통스러운 곳에 가 앉아만 있어도 그곳은 평화와 조용함이 깃들고 승전勝戰하게 될 것이다."라고 말했다.

53세에 죽을 것이라는 운명이 조선파병이라는 인연으로 닿는구나라고 생각한 원요범은 절에 가서 부처님 앞에 '부처님, 저는 사람은 죽일 수 없으니 한 사람도 죽이지 않고 전쟁이 끝나게 해 주십시오.'라고 발원한다.

조선에 도착하자 이순신이 왜군과 전투만 하면 승전하니 황제는 다시 회군하라는 명령을 내렸고, 그는 중국으로 무사히 돌아간다.

69세에는 자신이 살아온 경험에 기초를 두고, 운명에 속지 말고 주인공으로 살아가라는 인생의 지침서『인과실화』를 저술하여 아들에게 전했다.

원요범은 예언가가 말한 수명보다 20년을 더 살다가 74세에 일생을 마감했다.

이 책은 인간의 화복禍福은 '사주팔자四柱八字'에 매여 있는 것이 아니며, 천지신명天地神命이 주는 것도 아니며, 자신의 몸과 마음가짐이 화禍와 복福이 되는 이치를 깨달아서 바르게 실행할 때 운명을 넘어선 삶이 펼쳐진다고 이야기한다.

저자 원요범袁了凡은 명나라 때의 큰 선비로『역

사강감歷史綱鑑』이란 책에도 그 이름이 나올 만큼 훌륭한 인물이다.

이름은 황黃이고, 요범了凡은 자字이다. 조선 임진왜란 때 구원병으로 온 명나라 장군 이여송李如松의 찬화군무贊畵軍務란 직책을 맡아 이여송과 함께 우리나라에 온 일이 있다.

이 기록은 그의 아들 천계天啓에게 주는 가훈家訓으로 운명을 바꾸는 방법을 가르쳐주는 교과서이다. 사람의 운명은 비록 정해져 있는 것이라 할지라도 선善을 쌓으면 그 운명도 바꿀 수 있다는 원리를 자기의 지나온 사실을 들어 실증한 것이다.

이 책은 중국에서 성전聖典처럼 널리 읽히는 책 중의 하나이다.

엮은이 정안합장

▷ 차 례 ◁

입명지학立命之學
– 운명을 세우는 공부

나는 어려서 아버지를 여의고 자라면서 과거공부를 하였다. 어느 날 어머니께서 말씀하셨다.

 "과거공부를 하는 것은 장래를 기약할 수 없으니 우리의 생활을 보장받을 수 없다. 의업醫業은 남도 구제하고 나도 살아갈 수 있으니 과거공부를 그만두고 차라리 의학을 공부하는 것이 더 낫지 않겠느냐. 이것은 아버지도 평소에 생각하시던 바이다."

 어머니의 말씀을 거역할 수 없어 나는 과거공부를 그만두고 의술을 배우기 시작하였다.

도인 공孔 선생을 만나다

 인간의 운명은 정해져 있다.

 나는 그 후 자운사慈雲寺라는 절에서 한 노인을 만났다.

 키가 크고 긴 수염에 거룩한 풍채를 가진 모습으로 보아 나는 그가 덕이 높은 도인道人임을 알고 그에게 공손히 인사를 올렸다.

 그가 나에게 말하였다.

"그대는 과거에 급제하여 장차 벼슬을 할 사람이오. 올해 선발시험에 합격할 터인데 왜 과거공부를 그만두었소?"

 나는 그 노인에게 지난 일들을 다 고백하였다. 그 노인이 나에게 다시 말했다.

"나는 운남雲南에 사는 공 선생이라는 사람이오.

소강절邵康節 역도易道의 비결을 얻었는데 이것을 그대밖에는 전할 데가 없소. 그래서 멀리 이곳까지 그대를 찾아왔으니 내가 있을 곳을 마련해주시오."

나는 너무도 감격하여 집으로 모시고 와서 이 사실을 어머니께 말씀드렸다.

어머니도 그가 보통사람이 아님을 아시고, 내가 교훈을 받을 수 있도록, 극진히 대접하고 거처할 방 하나를 마련하셨다.

그때부터 그는 장래의 일을 점쳐주었는데 하나도 어긋남이 없이 백발백중 다 적중하였다. 나는 그분의 교훈을 따라 다시 과거공부를 시작하였다. 그는 나의 앞날을 예언하셨다.

수명은 53세 8월 14일 병사. 아들은 없을 것.

모년某年 현縣 시험에는 14번, 부府 시험에는 72번, 도道 시험에는 9번으로 급제할 것이다. 그리고 그 시험은 반드시 명년이 될 것이다.

 그는 다시 일생의 길흉을 점쳐주었다.

"모년 제 몇 번째 시험에 급제하면서부터 관록미 官祿米를 봉급으로 받을 터인데 전부 합하여 91섬 (石) 5말(斗)이 될 것이다. 그 다음 모년에 공사貢 士가 되고, 그 후 모년에 사천대윤四川大尹에 임명 될 것이다. 2년 반이 지나면 서울로 돌아올 것이 다.

 수명은 53세로 8월 14일 축시丑時에 집에서 병사 할 것이다. 단 유감스러운 일은 일생에 아들이 없 다는 것이다."

 나는 이것을 기록하여 두고 마음으로 각오를 다 졌다.

 그 후 부, 현, 도에서의 시험일자와 급제번호까 지 하나도 틀리지 않고 노인이 지적한 대로 다 맞았다.

그러나 한두 가지 마음에 의심나는 것이 있었으니, 나의 녹미가 70여 섬(石)에 이르렀을 때였다. 도공屠公이라는 사람이 노인이 예언한 시기보다 이르게 다른 사람과 함께 나를 공사貢士로 선출하려 하였다.

이때 공 선생이 예언한 되(升)수의 차이에 대하여 나는 마음속으로 의심을 했다. 그런데 양공楊公이라는 사람이 도공의 잘못한 처사를 발견하고 이를 비난하였으므로 그 일은 중지되어 그저 세월만 보내게 되었다.

그러자 또 연월의 다름에 대하여 은근히 마음에 의심이 생겨나기 시작했다.

그 후 얼마 지나서 명공溟公이라는 사람이 내가 과거에서 지은 글을 보고 크게 감탄하여,

"참으로 당당한 대문장이다. 이같이 박식한 선비

를 국가에서 채용하지 않는 것은 대단히 불충한 일이다."

하고 드디어 현청에 신고하여 법에 따라 공사貢士가 되었다.

이때 내가 지금까지 받은 녹미를 계산해보니 바로 91섬 5말이 되어 예언이 적중하였다.

이로써 나는 나아가나 물러가나 다 정한 명수가 있고 더디나 빠르나 다 시기가 있다는 사실을 깨달았다.

노인이 예언한 것이야말로 내 인생의 운명이라고 확신하고 조금도 다른 욕망을 내지 않자 마음은 극히 안정을 얻게 되었다. 그 후 서울서 1년쯤 묵다가 남옹南雍으로 나갔다. 관청으로 들어가기에 앞서 나는 서운사棲雲寺로 찾아가 옛 친구 운곡선사雲谷禪師를 만나 3일 낮과 밤을 내내 잠도 잊은 채 진지한 대화를 나누었다.

운곡선사와 대화하다

운명은 정해져 있으나 변할 수 있다.

운곡 무릇 범부凡夫가 성자聖者가 되지 못하는 것은 망념에 얽매이기 때문이다. 내가 당신을 대한 지 3일 밤낮 동안 도무지 망념이 통하지 않으니 도대체 어떠한 견해를 가졌기에 그러하십니까?

요범 내 일찌기 공 선생을 만나 일생의 일을 점친 결과 사람의 길흉화복, 생사生死, 존망存亡은 다 정한 명수가 있다는 것을 확신하게 되었습니다. 그러니 무슨 별난 욕구가 있어 망념 망상이 있겠습니까?

운곡은 이 말을 듣고 소리 높여 껄껄 웃으면서 말했다.

운곡 내가 지금까지는 당신을 높이 평가하여 호걸 豪傑의 선비로 알았는데 역시 평범한 범부로 군.

요범 그 이유를 자세히 말씀하시오. 들어봅시다.

운곡 무릇 사람의 명수는 나는 날 아침부터 죽는 날 저녁까지 정한 운명을 가지고 출생하는 것이지만, 극히 선한 사람과 극히 악한 사람 은 일생에 행한 선악의 업業에 따라 타고난 운명에 결박되어 일생을 보내는 것뿐입니다. 당신이 20년 동안 그 노인의 말에 얽매여 꼼 짝 못하고 있으니 어찌 평범한 범부라 하지 않겠습니까?

요범 그것 참, 신기한 말씀도 다 듣겠습니다. 그러면 인간의 타고난 운명도 피하자면 피할 수 있단 말씀입니까?

운곡 원래 천명은 내가 만드는 것이요, 화복은 내가 구하는 것이라 했습니다. 성인이 말씀한 『서경書經』에 '선을 행하면 백 가지 복이 내리고 불선을 행하면 백 가지 재앙이 내린다(작선천강지백상作善天降之百祥 작불선作不善천강지백앙天降之百殃).'고 하였는데, 만약 정해진 운명이 변할 수 없다면 선을 행했다고 복을 내리고 불선을 행했다고 재앙을 내릴 수 있겠습니까?

또 '천명이 일정한 것은 아니다(천명 미상天命靡常).'라고 하였으니, 미상靡常이라 함은 화와 복이 사람의 선악을 따라 변한다는 뜻이오. 하늘 편에는 결정된 명수가 없다는 의미이니 이는 당신이 잘 아시는 바가 아닙니까?

우리 불경佛經 중에는 '공명을 구하면 공명을 얻고, 부귀를 구하면 부귀를 얻고, 남녀를 구하면 남녀를 얻고, 장수를 구하면 장수를 얻는다.'고 하였습니다. 망어妄語는 여래如來가 금하는 큰 계이니 제불보살이 어찌 사람을 속이겠습니까? 당신은 이를 어떻게 생각하십니까?

바싹 가까이 앉으며,

요범 아직 궁금한 것이 있습니다. 맹자孟子가 말하기를 '구하여 얻는 것은 구하는 것이 나에게 있음이오(구즉득지求則得구재아자야之求在我者也), 구하는 것이 무익한 것은 구하는 것이 밖에 있는 것이라(시구무익어득야是求無益於

得也 구재외자야求在外者也).' 하였으니, 이것
은 인의와 도덕은 마음에 있는 것이어서 구
하면 얻지만, 공명과 부귀는 밖에 있는 것이
니 구하여도 얻지 못한다는 말인데, 그렇다
면 이 말은 잘못된 말입니까?

운곡 맹자의 말이 틀린 것이 아니라 당신의 해석이
틀렸습니다. 이제 길흉화복이 모두 마음으로
오는 실례를 들어 맹자의 말을 풀어봅시다.

가령 악인이 쇠못으로 사람의 눈을 찔렀다
든지, 철퇴로 손발을 때렸다든지, 칼로 사람
을 죽였다 해도 그 살상의 도구는 밖에서 온
것이 아니요, 그 사람의 분노하는 마음속에
서 온 것입니다.

또 곽거郭巨의 가마나 맹종孟宗의 대순(筍)
이나 왕상王祥의 잉어도 그것이 다른 데서 온
것이 아니요, 모두 지극한 효성스러운 마음

에서 온 것입니다.

　순舜이나 우禹는 본래 왕자가 아니요, 필부로 인덕을 쌓아 4백여 주州의 주主가 된 것입니다. 이것도 4백여 주州를 한 마음의 정성 속에서 얻은 것이니, 이 예를 들어 해석한다면 나에게는 인의도덕뿐 아니라 부귀공명 등 모든 복밭(福田)이 다 내게 있다는 것이오. 그 증거로 다음 글에 '만물이 다 내게 갖추어 있다(만물개비어아萬物皆備於我).'고 밝혀 말했습니다.

　그런데 이것을 내 마음에 구하지 아니하고 남에게 아첨하여, 혹은 남을 거짓으로 속이는 등 모략으로 구한다면 비록 얻는다 하여도 이는 천명이 허락지 않는바 곧 잃어버릴 것이요, 도리어 해가 될 것입니다.

　그러므로 맹자는 또 다음과 같이 말하였습

니다. '구하는 데 길이 있고 얻는 데 명이 있다(구지유도求之有道 득지유명得之有明).'

태조대사太祖大師도 말씀하시기를 '모든 복밭(福田)은 마음을 떠나지 않는다(일체복전一切福田 불리방촌不離方寸).'고 했습니다.

우리가 오직 마음으로 구한다면 인의도덕을 얻을 뿐만 아니라 부귀공명도 얻어 안팎 둘 다 얻을 것이요, 마음을 반성하지 아니하고 함부로 외부에서만 구한다면 인의도덕도 부귀공명도 둘 다 잃고 말 것입니다.

그러므로 '이 구하는 것을 얻기는 얻었는데 무익한 것은 밖으로 구한 때문이라(시구무익어득야是求無益於得也 구재외자야求在外者也).' 한 것입니다.

『역경易經』은 우주와 인간계의 변화하는 법칙을 실증적으로 체계화한 것으로 그 한 마

디 한 구절이 모두 의미심장한 것입니다. 그
『역경』에 이렇게 말하고 있습니다.

'선을 쌓지 않으면 이름을 이루기에 부족하
고 악도 쌓지 않으면 몸을 멸하기에 부족하
다. 소인小仁은 적은 선은 행해도 유익이 없
다하여 행하지 아니하고, 적은 악은 행해도
손해될 것이 없을 것이라 하여 버리지 않는
다. 그리하여 악이 쌓이면 덮을 수 없고 죄가
커지면 풀 수 없게 되는 것이다(선부적善不積
부족이성명不足以成名 악부적惡不積 부족이멸
신不足以滅身 소인小人 이소선위무익이불위야
以小善爲無益而不爲也 이소악위무상이불以小惡
爲無傷而不 거야去也 고악적이불가엄故惡積而
不可掩 죄대이불가해罪大而不可解).'

이 뜻은 조금씩 행하는 악은 그다지 허물이
될 것이 없다. 신불神佛도 용서하리라 가볍게

생각하고 벌레나 물고기를 함부로 죽이고, 아랫사람이나 부리는 사람을 혹사하며, 부모를 거스르고 직장상사의 뜻을 거역하고, 친구를 속이고, 처자권속에게도 선한 일보다 악한 일을 많이 하는 것이 습성이 되어 있으니, 이같은 작은 악 하나하나가 쌓이고 쌓여서 후에는 몸을 망치는 큰 죄가 되는 것입니다.

또 작은 선쯤은 크게 도움이 될 것이 없다고 생각하고 행하지 아니하나, 이러한 작은 선이 쌓이고 쌓이면 큰 복덕이 되는 것으로, 이로 미루어보아 천명은 다 내가 만드는 것이요, 경사나 재앙도 내가 불러오는 것이 아니겠습니까? 당신은 어떻게 생각하십니까?

내가 잠시 생각에 잠겨 있을 때 운곡은 나에게 재촉하듯 묻는다.

운곡 지금도 당신은 저 노인이 말한바와 같이 급제
　　는 했으되 생각처럼 만족스럽지 못하고, 아
　　들도 없고, 53세로 세상을 마칠 것만 믿고,
　　내가 말하는 운명은 창조할 수 있다는 이론
　　은 이해가 되지 않는다는 겁니까?

　나는 한참 생각하던 끝에 대답하였다.

요범 이해가 안 됩니다.
　　　왜냐하면 무릇 높은 관직에 오른 사람은
　　대개 다 복상福相을 타고나는데 내 상相은
　　박복합니다. 그렇다고 공덕이나 선행을 쌓
　　아 복 받을 일을 한 것도 없고, 더구나 나는
　　성질이 급하여 세상 고통을 참지 못하며,
　　마음이 너그럽지 못하여 사람을 용납하지
　　못하고, 때로는 내 재지才智를 믿고 사람을

농락하며, 혹은 거리낌 없이 말하고 싶은 대로 말하고, 용서 없이 하고 싶은 대로 행하니 이것이 다 박복한 상相이 아닙니까? 이런 허물투성이인 내가 어찌 높은 관직에 오르기를 바라며, 더불어 아들이 없는 것도 당연한 이치인 줄 알고 있습니다.

대개 땅이 검고 흙이 찰지면 초목이 무성하고, 물이 맑고 물결이 세면 고기가 없는 법인데 나는 성격이 너무 맑습니다. 이것이 아들이 없을 첫째 이유입니다.

또 봄에 따뜻한 화기가 풍기면 만물이 소생하는 것 같이 성질이 온화하고 너그러운 사람에게는 자녀도 많을 것이나 나는 마치 가을기운이 싸늘하여 초목을 말리는 것 같이 온기가 없고 화를 내는 일이 많으니 이것이 아들이 없을 둘째 이유입니다.

또 자비스러운 마음은 만물을 살리는 근본이요, 무자비는 살상하는 원인인데 나는 기품이 교만하여 나를 낮추어 사람을 구제하지 못하니 이것이 아들이 없을 셋째 이유요, 말이 많으면 원기를 손상시키므로 섭생하는 사람은 대개 침묵하는 편인데 나는 말하기를 좋아하는 성격이어서 이미 원기가 쇠약하여졌으니 이것이 아들이 없을 넷째 이유입니다.

또 나는 술을 즐겨 과음하므로 신정腎精을 손상하였으니 이것이 아들이 없는 다섯째 이유요, 나는 때때로 밤을 새워 일하여 신기神氣를 피곤케 하니 이것이 아들이 없을 여섯째 이유입니다.

그밖에 나는 허물이 많고 악한 사람이니 이런 성품으로 어찌 장수를 얻겠습니까? 그

러므로 선사禪師의 말씀은 이론적으로 당연

하나 나의 실생활로 보아서는 공 선생의 예

언이 합당한 것으로 믿습니다.

　내 말에 깊이 귀를 기울이고 듣다가 웃음을 띠며

말하였다.

운곡　참으로 그러합니다.　그것은 과거科擧의 경우

만 아니라 천금의 재산을 가진 자는 천금의

복상福相이 있고 백금의 재산을 가진 자는 백

금의 복상이 있으며,　길에서 굶어죽는 자는

아사餓死의 상이 있는 것입니다.

　하늘은 그 사람에 따라 운명을 정定하는 것

이요,　되는 대로 하는 것은 아닙니다.　자손

을 낳는 것도 백세百世까지 덕을 쌓은 사람에

게는 백세까지 끊임없이 자손이 계승되는 것

이요, 10세十世까지의 덕을 쌓은 사람에게는 10세까지 끊임없이 자손이 이어 내려가는 것이고, 23세二十三世까지의 덕을 쌓은 사람에게는 그 덕에 해당하는 23세까지 자손을 주어 보전케 하는 것입니다.

 그러므로 대代가 끊어지고 자손이 없는 사람은 이미 쌓인 덕이 다하여 박복한 사람입니다. 당신이 말한 바와 같은 박복한 자라면 그렇게 되겠지요.

 그러나 여기 가장 중요한 법이 있습니다. 마음을 가라앉히고 자세히 들으시오.

 무릇 세상 사람들이 허물을 고치고 선에 나아가지 못하는 것은 사람들이 자기의 잘못을 깨닫지 못하고 그 하는 일이 옳은 줄로 알기 때문입니다.

 그런데 당신은 지금 부끄러운 일까지 숨김

없이 털어놓고 잘못을 말씀하시니, 이 공평한 마음을 가지고 허물을 고쳐 선으로 옮긴다면 손바닥 뒤집듯이 쉽게 할 수 있을 것입니다.

지금부터 일대 용맹심을 가지고 힘써 음덕陰德을 쌓고, 힘써 만물을 용납하고, 힘써 자비를 행하고, 힘써 정신을 가다듬으시오.

이 결심만 정한다면 즉시 종전의 박상薄相의 당신은 죽고, 복상福相의 귀하가 새로 탄생할 것입니다.

이것을 도덕재생의 몸이라 합니다. 이러한 마음자리가 가장 천심天心에 감응하는 마음입니다.

태갑太甲이 '하늘이 정한 운명은 변할 수 있어도 사람이 지은 죄는 면할 수 없다(천작얼天作孽 유가위猶可違 자작얼自作孽 불가환不可

逈).'고 말한 뜻은, 공 선생이 말한 과거에도 마음대로 오르지 못하고, 아들도 없고, 수명도 53세로 마치겠다는 예언이 하늘이 정한 운명이라면, 내가 말하는 바를 행함으로써 운명도 변할 수 있다는 말도 하늘의 뜻입니다.

지금부터 귀하가 힘써 어진 마음을 넓히고 힘써 선한 일을 행하고 힘써 음덕을 쌓으면 이것이 내가 말하는 창조하는 복입니다. 어찌 이것을 받지 않을 것입니까.

『역경易經』은 성인이 군자를 위하여 길사吉事에 나아가고 흉사凶事를 피하기 위하여 가르치신 책입니다.

만일 귀하가 믿는 바와 같이 천명이 일정하여 변치 않는 것이라면 길사에 어떻게 나아가며 흉사는 어떻게 피할 수 있겠습니까?

그 책의 처음에 말하지 않았습니까? '선을 쌓은 집에는 경사가 오고 불선을 쌓은 집에는 재앙이 임한다(적선지가積善之家 필유여경必有餘慶 적불선지가積不善之家 필유여앙必有餘殃).'고.

이상에 말한 말씀은 다 성현聖賢의 격언입니다. 귀하는 아직도 이것을 믿을 수 없습니까?

새로 눈뜬 창조적 인생관

이때 나는 종래 가지고 있던 의혹이 비로소 풀려서 마치 선천적인 소경의 눈이 열려 해와 달을 보는 것 같은 고마운 생각이 내 뼈에 사무쳤다.

나는 그 교훈을 받들고 불전佛前에 나아가 과거

의 잘못을 회개하고 물러나와 발원문發願文 한 통을 썼다.

첫째 과거에 오르기를 구하고 선한 일 3천 가지를 행하여 천지신명과 조선祖先에게 바치기로 서원을 세웠다.

이때 운곡은 『공과격功過格』이라는 책 하나를 내어 놓으면서 나에게 일러주었다.

"지금부터 당신이 행하는 일을 매일 여기 기재하시오. 선한 일 둘을 행하면 그 수를 기록하여 두고, 악한 일 하나를 행하면 기록된 선 하나를 빼고 이렇게 기재하면 숫자가 3천이 되기 전에 당신의 소원이 성취될 것이니 의심하지 마시오."

운곡은 다시 준제다라니準提陀羅尼, '나무풍다남南謨諷多南 삼먁삼몰다三藐三沒汰 구지남俱胝南 다니야타膽備也他 옴자례주례준제사바하唵者禮主禮準提娑婆賀'를 나에게 주며 그 영험을 말하였다.

"도가道家의 설에 '부符를 쓰는 비결을 알지 못하는 자가 쓴 부符는 귀신의 웃음을 산다.'는 말이 있는데 이 비전은 다만 일념에서 움직이지 않는 일입니다. 그 부를 쓰려고 붓을 잡았을 때, 모든 잡념을 버리고 아무 생각도 일지 않는 바로 그때에야 비로소 한 점을 내립니다. 이것을 '혼돈개기混沌開基'라고 부릅니다.

이 한 점에서 일필一筆로 쓰고 그 사이에 일념의 생각도 없으면 이 부符는 능히 영험이 있다는 것입니다. 무릇 하늘에 기도하여 명命을 세우는 데는 이 무념무상의 마음에 감격하는 것입니다.

맹자孟子가 말하기를 '일찍 죽거나 장수하는 것이 둘이 아니니 몸을 닦고 이를 기다리는 것이 명命을 세우는 것이라(천수불이千壽不貳 수신이사지修身以俟之 소이입명所以立命)'하였으니 이것이 제가 믿는 입명설立命說의 출발점입니다.

요夭란 단명短命이요, 수壽란 장명長命이니 완전히 상극이지만 일념부동하면 요夭도 없고 수壽도 없고 이때 비로소 생사生死의 명을 세우는 것입니다. 이것을 확대하여 생각한다면, 빈부는 두 가지이나 일념 부동하는 데는 빈貧도 없고 부富도 없고 이때 비로소 빈부의 명을 세우는 것이요, 자유와 부자유는 둘이지만 일념부동하면 귀천의 구별 없이 명이 서는 것인데, 범부의 경계에서는 생사 두 가지를 가장 중요시하기 때문에 맹자는 요夭, 수壽의 두 가지를 들어 모든 순順, 역逆의 경우를 총괄하여 말한 것입니다.

다음으로 몸을 닦아 이를 기다린다는 것은, 덕을 쌓고 하늘에 기원하는 것을 의미함인데, 마치 파괴된 가옥을 수리하듯 허물이 많아 파손된 몸을 성의를 다하여 마음씨를 고치는 것입니다.

다음 기다린다는 것은 이렇게 하면 행복을 내릴

것이라고 기대하고 사모하는 생각을 일체 버리고 다만 하늘이 하는 대로 맡기는 상태를 뜻함인데, 이 지위에 이르러 일념부동하게 되면 구하는 것이나 구하지 않는 것이 하나가 되어 욕계欲界에 있으면서도 동시에 상천上天의 경계에 이르는 것이니 학문이 이 경계에 들어서면 진정한 실학實學이라 이르는 것입니다.

그런데 귀하는 이 무심경無心境에 이르기에는 아직 거리가 머니까 위의 준제다라니準提陀羅尼를 외우되 깨닫는 것도 없이 끊임없이 계속하여 공부가 이어지게 되면 가지고 있으나 가지지 않는 것이요, 가지지 않으나 가지는 것이 되어 마지막에는 일념부동의 경지에 이르게 될 것입니다. 과연 이렇게 된다면 그 공덕영험은 이루 셀 수 없게 될 것입니다."

나는 이 말을 감명 깊게 듣고 입명立命의 학學에

대하여 한 점 의혹도 없이 즉시 결심하였다. 나는 처음 호號를 학해學海라 하였는데, 이것은 천하의 강물이 다 바다를 그리워하여 마지막에 바다로 들어간다는 뜻이었다. 그러나 이 날 그것은 범부의 생각이라고 확실히 깨달았음을 의미하여 호를 요범了凡이라 고쳤다. 다시는 범부凡夫의 옛 둥지로 돌아가지 않겠다는 나의 결심을 표명한 것이다.

새 운명 창조의 작업
(나의 운명은 변하였다)

 나는 이때부터 마음을 다하여 밤낮 선행을 쌓고자 힘쓴 결과 이전과는 크게 달라짐을 깨달았다. 전날에는 방임주의로 마음 가는 대로 행하였으나 그 후부터는 삼가고 두려운 마음으로 어두운 곳에 있어도, 사람이 보지 않는 그늘에 있어도, 악행이 없었는가, 악념이 일지 않았는가, 천지신명이 내려다보는 듯 항상 조심하였다.

　이같이 천도天道에 가까울수록 세상 욕심은 사라져갔다. 사람이 나를 중상하고 헐뜯어도 지금은 마음이 평안하고 온화한 마음으로 그것을 받아들일 수 있게 되었다.

과거에 일등으로 급제하다

　이같이 하여 그 이듬해 서울에서 선발시험을 칠 때, 노인은 삼등으로 붙겠다하였으나 그것을 깨고 일등으로 급제하였다.

　이때 선사禪師의 입명설立命說이 응한 것을 깨달은 동시에 역도易道의 신앙에도 차츰 눈뜨게 되었다.

그러나 내 자신을 반성하여 보면 아직 잘못이 많고 행하는 일이 진실하지 못하였다. 혹은 의를 보고 행하려 하여도 용기가 부족하고, 혹은 남의 어려움을 보고 구제하면서도 정력을 쏟지 않고, 혹은 몸으로써 선한 일을 하면서도 입으로 부당한 말을 하고, 혹은 깨어있을 때는 조심하나 취할 때는 부주의가 있어 힘써 쌓은 선도 악한 일로 말미암아 계산에서 제除하여 버리기 때문에 헛된 세월만 보내게 되었다.

3천 가지 선행을 쌓다

기사년己巳年에 서원을 시작하여 기묘년己卯年 에 이르기까지 10년에 걸쳐 겨우 3천의 선행을 쌓았다. 그러나 이 해는 공무로 분주하였기 때문에 그 이듬해 경진년庚辰年이 되어 성공상인性空上人, 혜공상인慧空上人을 청하여 동탑 선당禪堂에서 3천 선행의 회향回向을 천지신명께 공양하고 다시 아들을 구하는 원문願文을 드리고 또 3천 선행을 하기로 서원을 발하였다.

아들 천계天啓를 낳다

그런데 그 이듬해 신사년辛巳年에 아들을 낳았다.

나는 한 가지 선을 행할 때마다 일일이 그것을 공과부功過簿에 기록하였다.

아내는 글을 모르므로 그날마다 붉은 붓으로 ○를 쳤다.

그것은 가난한 사람들을 도와준다든지 새, 고기, 조개 같은 생물을 방생한다든지 하는 등으로 선사

善事가 많을 때는 10개의 ○을 센 적도 있었다.

　그리하여 이번에는 계미년癸未年 8월까지 4년 동안에 3천 가지 선사善事를 채웠다. 이때는 모든 상인上人들을 집에 청하여 3천 선행의 회향回向을 닦았다.

　그해 9월 13일 진사進士에 승진되기를 구하여 일만 선사를 행하기로 서원을 하였다. 그런데 그해부터 4년째 되는 병술년丙戌年에 보저현령寶抵縣令에 임명되었다.

　나는 그때 『치심편治心篇』이라 이름붙인 백지 책 하나를 만들어 두고 이른 아침 일어나 의관을 정제하고 현청 광간廣間에 앉으면, 아내가 이 책을 급사에게 주어 탁상에 놓게 하였다. 나는 붓을 들고 전날 낮과 밤에 행한 모든 선악을 자세히 기록하고 밤에는 탁자를 뜰에 내놓고 『치심편』을 그 위에 놓고 송宋나라 조열도趙閱道를 본받아 향을

피우고 하늘에 기도하는 것을 규례로 하였다.

그러나 내가 행한 선행의 수가 많지 못한 것을 보고 아내는 얼굴에 근심을 띠면서 걱정하였다.

"전에 집에 있을 때에는 첩도 도와서 선사를 행한 덕분에 3천 선행도 수년 안에 원만히 이루었는데 지금 관청에 있으니 사람을 접촉하는 일이 적어서 선행할 기회가 적어졌습니다. 이렇게 해서는 일만 선사를 언제 성취하겠습니까?"

나도 마음속으로 이것을 깊이 생각하고 있었는데 그날 밤 꿈에 한 신인神人이 나타났다.

내가 그에게 선사 성취의 어려움을 고하니 그는 나에게 말하였다.

"그 일을 너무 걱정하지 말라. 네 양식의 일부를 감하라. 그리하면 만행萬行이 일시에 완성될 것이니라."

대개 나의 봉급은 보저현寶抵縣 밭 한 묘(一畝)에

대하여 2부 3리 7모였는데 그것을 1부 4리 6모로 감하여 그 뜻을 현내縣內에 공포하였다. 꿈에 본 일이므로 이 일이 과연 만행의 공덕에 해당할 것인지 자못 불안하게 생각하였다.

그런데 마침 오대산五臺山 환여 선사幻餘禪師가 찾아왔다.

나는 꿈 이야기를 고하고 이 일이 믿을 수 있는지를 물어보았다. 선사는 이렇게 대답하였다.

"선심善心이 지극하면 일행一行도 만행萬行에 해당할 것이요. 하물며 내 양식糧食을 보저현 백 리 사방 백성에게 주어 저들을 양육養育한다면 그 공덕이 만선萬善에 해당할 것을 어찌 의심할 바 있겠소."

그 후 만선萬善이 거의 완성되었으므로 나는 많은 봉급을 희사하여 오대산에서 일만 명의 스님들에게 공양하고 일만선一萬善의 회향에 힘썼다.

지금 69세 되었다

공 선생은 나의 수명이 53세 8월 14일 축시로 끝마친다 하였으나, 나는 장수를 기원한 일도 없었지만 그동안 아무 병고 없이 지금 69세가 되었다.

『서경書經』에 '천난심天難諶 명미상命靡常', 또 '유명불우상惟命不于常'이라 하였는데, 이것은 사람의 행위에 따라 천명이 달라진다는 뜻이다.

화복은 모두 나로 말미암아 된다는 것은 성현의 말이요, 화복은 하늘이 명한대로만 된다는 것은 세속의 말이다.

이 뜻은 내가 이미 경험한 진리이므로 이제 나는 그 증인이 된 것이다.

"너는 아직 젊고 수행이 미숙하니 너의 천명은 알 수 없다. 만약 천운이 열려서 고위 고관이 되면 항상 미천한 때를 생각할 것이요, 만약 만사가

뜻대로 되면 항상 곤란하던 때를 생각하고, 만약 사람에게 사랑과 공경을 받는 몸이 되면 신神의 도움을 감사할 것이요, 만약 세상이 존중히 여기는 가정이 되었다면 항상 겸손한 생각을 가지고 나를 낮추며, 만약 학문이 상달되었으면 부족하다는 생각을 가지라. 항상 이 같은 생각으로 조심하고 삼가 위로 국가의 은혜를 보답할 것을 생각하고, 아래로 가문의 복을 증진할 것을 도모하며, 밖으로 남의 어려움을 구하여 주며, 안으로 내가 잘못에 빠지지 않는가를 살펴 날마다 나의 잘못을 알고 날마다 내 허물을 고치기를 힘쓰라.

무릇 하루의 잘못을 알지 못하면 하루의 허물을 범하는 것이요, 하루의 허물을 범하는 것은 하루의 선행이 소멸되는 것이다. 천하에 총명호걸이 없는 것은 아니지만 덕행을 닦지 않고 공업을 쌓지 않은 채 일생을 천명에만 맡기고 마는 사람이

많은 것은 필경 잘못을 알고도 허물을 고칠 용기
가 없어 헛되이 나날을 보내는 까닭이다.

 운곡 선사가 가르치신 입명설은 가장 바른 천리
天理니 너는 잘 생각하고 깊이 맛보아 힘써 이것
을 행하라. 스스로 헛된 세월을 보내지 말라."

겸덕지효謙德之效
– 겸손과 덕의 효과

겸허謙虛란 빈 마음 겸손한 마음이며, 이중利中은
중심에 거짓, 악, 혹은 더러운 마음을 깨끗이
씻었다는 뜻이다.

역易의 지산겸괘地山謙卦(높은 산이 낮은 땅 밑에
있는 괘상)에 이런 말이 있다.

天道虧盈而益謙천도휴영이익겸

하늘은 찬(盈)것을 헐어 겸손을 유익하게 하고

地道變盈而流謙지도만영이류겸

땅은 찬 것을 변하여 겸손에 흐르고

鬼神害盈而福謙귀신해영이복겸

귀신은 찬 것을 해하고 겸손을 복주며

人道惡盈而好謙인도악영이호겸

사람은 찬 것을 싫어하고 겸손을 좋아한다.

영盈이란 '차다'는 뜻, 즉 교만을 의미한다. 사람으로 말하면 나는 영리하고 똑똑하다고 생각하여 남을 업신여기고, 나는 학자로서 지식이 있다하여 무지한 자를 능멸하고, 나는 부귀하다고 생각하여 빈천한 자를 얕보고, 나는 아름답다고 생각하여 못생긴 사람에게 자랑하는 마음이 다 영에 해당하는 태도이다. 겸謙이라 함은 '나는 부족하다'는 생각을 가지는 것, 즉 겸허謙虛의 뜻이다. 하늘(天道)은 영盈을 덜어서 겸謙을 익益한다는 말은 초승달은 점점 커져서 둥근 달이 되지만 만월은 점점 줄어서 눈썹달이 된다는 뜻이다. 봄의 따뜻한 기운은 차츰 자라서 여름의 큰 더위가 되지만 이미 더위가 차서(滿) 대서大暑가 되면 그때부터는 나날이 더위가 기울어 겨울의 추위에 이르는 것이다. 땅(地道)은 영盈을 변하여 겸에 흐른다는 것은 땅의 이치를 보아도 흙과 물은 높은 것을 싫어하고 낮은 데로 흘러가기 때문에 높은 언덕이나 산도 비바람에 무너져 낮은 바다와 깊은 웅덩이를 메우는 것이다. 속담에 '모난 돌이 정釘을 맞고 솟은 못이 망치를 맞는다.'는 말이 이 뜻이다. 귀신도 교만한 사람에게는 해를 주고 겸손한 사람에게는 복을 주며 사람도 교만한 자를 미워하고 겸손한 자를 좋아한다.

학문이나 재능에 있어서도 위를 쳐다보면 끝이 없다. 그런데 내가 남보다 조금 낫다고 해서 남을 깔보는 것은 무례한 일이다. 아무리 남보다 나은 학술이나 재능이 있다 하더라도 교만과 아집은 덕에 배치되는 악인이요, 자기를 모르는 어리석은 사람이다. 이와 달리 무식한 사람은 차라리 자기의 부족함을 부끄럽게 여기기 때문에 도리어 남을 대하는 데 겸손하므로 자연히 겸허이중謙虛利中의 유덕한 사람이 되는 것이다. 그런데 교만한 자기의 어리석음을 모르고 오히려 이 같은 유덕한 사람을 업신여기는 것이 어찌 큰 무례가 아니겠는가. 또 부귀한 자가 호화로운 저택에서 아름다운 옷을 입고 밤낮 주연 속에서 흥청거리며 이것을 자랑으로 삼는 것은 사람의 눈으로 보기에도 가증하거늘 하물며 만민을 아들로 생각하는 신명神明의 맑은 눈으로 볼 때 이것을 미워하며 노하지 않겠는가. 귀신은 영盈을 해라고 겸謙을 복주며 인도人道는 영을 미워하고 겸을 좋아한다는 것은 이를 이르는 것이다.

또 『서경書經』에 '만초손慢招損 겸수익謙受益'이란 말이 있는데 자만심을 가진 자는 천지신령은 물론

이거니와 사람도 미워하므로 모든 일에 손해만 본다는 뜻이다. 그러나 만심자는 자기의 마음씨가 천리를 거스르기 때문에 손해를 불러오는 것을 생각지 못하고 도리어 '나 같은 사람에게 불행한 일만 계속되는 것은 무슨 까닭인가?'하며 하늘을 원망하고 귀신을 저주하므로 더욱더 손해를 입게 되는 것이다. 이와는 달리 겸손한 사람은 천지신령과 사람에게 긍휼을 입어 무슨 일에나 유익한 일만 생기는 것이다. 그런데 겸손한 사람은 내 마음씨가 하늘의 뜻과 맞아 떨어져 복을 받는 것이라 생각하지 않고 도리어 '나 같은 부덕한 자에게 이같은 행복이 내리는 것은 순전히 신불, 조상의 음덕'이라고 생각하여 모든 선행을 천지신령에게 돌리므로 더욱더 복을 받게 되는 것이다. 이것이 '만慢은 손損을 불러오고 겸謙은 익益을 받는다.'는 뜻이다.

또 역易 64괘 중에 6효爻가 모두 길한 것은 오직 지산겸괘地山謙卦 하나뿐이다. 그 이유는, 산은 위에 있고 땅은 아래 있는 것이 원칙이지만, 이 괘卦는 높은 산이 낮은 땅 밑에 있는 상象이므로 이것은 겸손을 상징한 것인데 이런 마음씨를 가진 사람은 어디를 가든지 무슨 일을 하든지 다 길吉하고 형통한 때문이다. 나는 외딴 벽촌의 가난한 선비들이 출세하는 것을 보았는데 거의 모두가 겸손한 모습이 그 얼굴에 나타나 있는 사람들이었다. 나는 여기 몇 가지 예를 들어 실증하여볼까 한다.

신미년辛未年의 계해計偕(계計는 회계, 해偕는 동행의 뜻, 지방관이 3년에 한 번씩 회계관계로 상경할 때 과거보러 사는 사람들을 데리고 가는 것을 의미)에 가선家善(지명)에서 나와 같이 상경한 사람은 열 명이었다. 그들의 면면面面을 살펴보았다.

정경우丁敬宇

 가장 나이 어린 사람으로 가장 겸손한 성격을 가진 사람이었다.

 내가 비금파費錦坡라는 사람에게 '이 사람은 금년에 반드시 급제할 것이다.'하니, 그가 묻기를 '어떻게 아느냐' 하므로, 나는 이렇게 대답하였다.

 "내가 듣기에 겸허謙虛한 사람은 복을 받는다는데, 보라, 열 명 중에 경우처럼 성실하고 겸손한 자가 있는가, 그처럼 뽐내지 않고 순진한 사람이 있는가, 그처럼 무슨 일이든 등한히 여기지 않고 진실하게 하는 자가 있는가, 그처럼 수모를 받고도 갚지 않고 비방을 듣고도 변명하지 않는 사람을 보았는가, 내가 듣기에 이 같은 사람은 천지귀신도 이를 도와주고 사람도 이를 높인다고 하였다."

풍개지馮開之

어릴 때에는 성질이 험궂은 사람이었는데 내가 서울 있을 당시에 벌써 급제를 하여 나는 속으로 이상하게 생각하였다. 차츰 교제하여 보니 이전과는 성격이 완전히 변하여 마음이 겸손했고 얼굴에 공손한 빛이 흘러 완전히 딴 사람이 되어 있었다.

이제암李霽岩

정직하고 의리 있는 유익한 친구였다. 간혹 잘못을 책망責望하면 마음을 비우고 평정平靜한 기분으로 받아들이고 기쁨으로 순종하였다. 일찍이 말다툼 한 번 한 일이 없다.

나는 그에게 이렇게 말하였다.

"사람이 복福을 받는 것도 이유가 있고 화禍를 받는 것도 원인이 있다. 그대는 마음이 겸손하니 반드시 하늘이 도울 것이다. 금년에는 꼭 급제及第하리라."

과연 내 말대로 되었다.

조광원趙光遠

산동관현山東冠縣 사람이다.

어릴 때 향학鄕學에서 선발되었는데 오랫동안 급제를 못하고 있었다.

그의 아버지는 가선嘉善 지방에서 삼윤三尹이라는 벼슬을 하고 있었으므로 아버지를 따라 그곳에 갔었다.

전명오錢明吾라는 선생을 사모하여 그를 찾아가 자기가 지은 문장을 보였다.

선생은 한 번 읽고 나더니 그 글에 일일이 더하고 지우고 하여 한 장의 휴지를 만들었다.

광원은 조금도 불평의 빛이 없었다.

그 이듬해에 드디어 급제하였다.

임진년壬辰年에 나는 공사貢士 하건소夏建所를 만나서 그의 사람됨을 깊이 알게 되었다.

그는 마음에 조금도 가림이 없는 사람으로 겸손한 빛이 대하는 사람을 환히 비추었다.

나는 돌아와 친구에게 말하였다.

"하늘은 이 사람을 만들기 위하여 먼저 복의 뚜껑을 열기 전에 마음의 뚜껑을 열었다. 이 뚜껑이 한 번 열리면 부질없이 헛된 사람은 진실하게 되고, 방종한 사람은 참되게 되고, 부형을 거스르고 신불神佛을 불경하던 자는 반드시 진실한 신심을 가지게 된다. 지금 하건소를 보니 마음 뚜껑이 이미 열린 사람이라 오래지 않아 급제하게 될 것이다.”

과연 내 말과 같이 되었다.

장외암張畏岩

강음江陰 사람이다.

박학하며 문장으로 학계에 이름 높은 사람인데 갑오년甲午年 남경南京의 향학시험에 자만한 문장을 제출하고 자신은 어느 절간에 들어가 있었다. 발표하는 날 게시판에 자기의 이름이 없는 것을 보고 크게 노하여 판관이 눈먼 사람이라고 마구 욕설을 퍼부었다.

그때에 한 도인道人이 곁에서 이 광경을 비웃는

눈초리로 보고 있었다.

외암畏嵒은 즉시 그 도인을 향하여 물었다.

외암 너는 누구이기에 감히 이같이 무례하냐?

도인 나는 그대의 교만한 글이 반드시 아름답지 못
하다는 것을 알고 웃는 것이오.

외암 (더욱 격노하여) 네가 내 문장을 보지도 않고
어떻게 아름답지 못한 줄 아느냐?

도인 글이란 마음을 그려내는 것이라 온화하고 칠
정이 평정하면 그 글이 자연히 아름답게 되
는 것인데, 지금 당신이 판관에게 욕설을 퍼
붓는 말을 들어보니 가슴속이 불만투성이이
더이다. 이같이 불공평한 마음을 그려낸 문
장이라면 내가 그 글을 보지 않아도 아름답
지 못하다는 것을 알 수 있는 것이외다.

외암은 식견 있는 사람이라 이치에 합당한 그 말

을 듣고 보니 자연히 머리가 수그러졌다. 교만한
마음을 꺾고 크게 도인에게 굴복하고 정중히 가르
침을 청하였다.

도인 사람의 길흉은 일정한 명수가 다 있는 것이
오. 당신이 이번에 급제할 천명이라면 글이
훌륭하지 못하여도 방에 오를 것이요, 급제
하지 못할 천명이라면 글이 아름다워도 방에
오르지 못할 것이오. 방에 오르고 못 오르는
것은 천명에 있으며 문장에 있는 것이 아니
니 당신이 꼭 급제하려면 먼저 천명을 옮기
고 바꾸도록 하시오. 그리하면 반드시 얻을
것이오.

외암 이미 정하여진 천명이 있다면 거기에 맡기면
그만이지 그것을 옮기고 바꾼다는 것은 무엇
입니까?

도인 옛말에 '명을 짓는 것은 하늘이요, 땅을 세우는 것은 나다(고명자천告命著天 입명자아立命著我).'라는 말이 있는데, 이 뜻은 천명은 내가 세우고 세운 대로 하늘에게 인가를 맡는다는 말입니다.

집을 짓는데 재목을 모으는 것으로 비유한다면, 그 재목의 크고, 작고, 아름답고, 추함을 따라서 큰 집, 작은 집, 아름다운 집, 추한 집을 하늘에서 지어주시는 것입니다.

당신이 과거의 불공평한 나쁜 재료를 버리고 새로이 겸손하고 빈 마음의 좋은 재료를 모아 쌓는다면 하늘이 그 조화로운 솜씨로 어찌 크고 높은 아름다운 집을 짓지 않겠습니까.

천명이 일정하다 함은 쌀을 심어 쌀을 얻고 보리를 심어 보리를 얻는다는 말인데, 쌀을 심고 보리를 심는 것은 내 마음대로 하는 것이지만 그 심는 데 따라 주시는 것이 달라지는 것을 가리켜 '천명이 일정치 않다(천명 미상天命靡常).'고 하는 것입니다.

그러니까 당신도 지금부터 힘써 선한 일을 행하고 널리 음덕을 쌓고 삼가 겸손한 마음으로 천명을 옮기고 바꾼다면 어떠한 복이든지 받지 못할 것이 있겠습니까?

외암 간곡한 말씀이 다 도리에 합당하오나 나는 가난한 선비라 어떻게 돈을 벌어서 선한 일을 행하고 음덕을 쌓을 수 있겠습니까?

도인 선한 일이나 음덕은 반드시 물품을 베푸는 데 한한 것은 아닙니다. 마음 쓰는 것만으로도 무량무변의 공덕이 있는 것이며, 겸허로 말한다면 한 푼을 쓰지 않고도 널리 세상 재물을 쓰는 것보다 나은 것입니다.

아름다운 옷을 입고 맛있는 음식을 먹고 화려한 집에 살고 고급가구를 사용하는데 남에게 뒤지지 않겠다고 경쟁하는 것을 교만이라고 하는데 이 교만은 사람이나 천지신령에게 무례한 것이 됩니다.

이 교만의 반대를 겸허라고 하는데 모든 사물을 남에게 보이려는 것보다 내 마음속으로 삼가 지키는 것입니다. 도사가 산에 거처하거나 불자佛者가 탁발하는 것이 모두 다 겸허의 수행입니다.

아름다운 옷을 입을 사람이 하루 입지 않으면 그 옷을 천지신령에게 하루 공양하는 것이 되고, 좋은 음식을 먹을 사람이 하루 먹지 않으면 그 음식을 천지신령에게 하루 공양하는 것이 되고, 크고 높은 집을 세울 수 있는 사람이 작은 집에 거주한다면 하루 한

달 내지 일 년, 십 년, 수십 년간 그 사는 것
만큼 크고 높은 집을 천지신령에게 공양하는
것이 되며, 내 몸이 사치한 일을 끊고 하지
않는 것은 그 사치할 수 있는 사물을 천지신
령에게 공양하는 일에 해당하므로 한 푼도
쓰지 않고 희사하는 공덕은 이 세상 도처에
널려있는 것입니다.

 당신은 어찌하여 속히 자기 마음의 교만을
고치고 이 같은 선덕을 행하지 않습니까?

 이 설법을 들은 외암은 크게 감동하여 자신의 소
견을 꺾고 자신의 교만을 버리고 나날이 선사善事
를 행하고 밤마다 덕행을 쌓는 데 힘썼다.

꿈에 하늘에 가서 급제 번호를 보았다.

 정유년丁酉年에 이르러 어느 날 밤 꿈에 마침 높고 깨끗한 한 집 안에 들어가 보니 거기에 한 권의 시험장부가 놓여있었다. 외암이 이것을 펴보니 여러 군데 지워버린 줄이 많아 이상히 여겨 옆 사람에게 물어보니 그 사람이 말하였다.

"천상天上의 과거는 3년에 한 번씩 행한다. 인간세상에서 급제할 사람은 다 이 장부에 등록되어 있다. 그러나 등록된 후에 자신의 행실을 더럽히고 덕행을 손상시키는 일이 있으면 그 성명을 지워버리는 것이다. 여기 지워버린 줄이 많은 것은 이 때문이다."

 또 끝에 이름이 쓰여 있지 않은 한 줄을 가리키면서,

"그대가 3년 동안 몸가짐을 대단히 근신하였으므

로 이 한 줄에 반드시 그대의 이름이 기입될 것이
다. 자중하고 자애하라.”
고 덧붙였다.

　외암이 그 인원수를 세어보니 백다섯 번째였는데
과연 그 해에 백다섯 번째로 급제하였다.

　이상의 사실을 깊이 숙고하여 보면 우리 눈에는
비록 보이지 않으나 우리 머리 위에는 신명이 엄
연히 계셔서 길흉과 화복은 단연코 우리가 행하는
바 선악에 달린 것이다. 그러므로 선심을 행하고
악행을 금하여 천지신령의 미움을 사지 말 것이
며, 빈 마음과 겸손한 생각을 가지고 항상 천지신
령의 긍휼을 힘입으라. 이렇게 함으로써 비로소
겨우 복 받는 터를 잡게 될 것이다.
　옛말에 ‘뜻을 공명에 두면 반드시 공명을 얻고
뜻을 부귀에 두면 반드시 부귀를 얻는다(유지우공

명자有志于空名者 필득공명必得空名 유지우부귀자
有志于富貴者 필득부귀必得富貴).'고 하였다.

이것은 그 입지가 견고하여 굽히지 않고 게으르
지 않은 것을 의미한다. 사람의 입지는 나무의 뿌
리와 같아서, 나무는 뿌리로 말미암아 성장하고
사람은 입지立志에 따라 발전한다. 그러므로 사람
은 그 입지를 나무뿌리와 같이 확고부동하게 세워
서 빈 마음과 겸손한 마음씨로 천지를 감동시키는
데까지 이르러야 한다.

요즘 급제하려는 자들 중에 처음부터 이 같은 확
고한 입지 없이, 되면 좋고 안 되면 그만이라는
일시의 뜬생각으로 살아가니 어떻게 입신출세를
하겠는가?

맹자는 제齊나라 선왕宣王이 속된 음악을 좋아하
는 것에 대해, "왕이 뜬 마음을 버리고 본심으로
음악을 즐긴다면 그것으로 제나라는 태평하게 될

것이다.”라고 하였다.

 나는 급제를 하려는 사람들에게 이렇게 말하고 싶다. 뜬생각을 버리고 본심으로 구한다면 그 마음대로 출세의 길이 열리리라.

적선지방積善之方
– 선을 쌓는 방법

전편에서는 선을 쌓아 좋은 결과를 얻은 실례를 들고 후편은 선을 행하는 10개 조의 방법에 대해서 말하겠다.

역易에서 말하기를 '선을 쌓은 집에는 반드시 경사가 있다(적선지가積善之家 필유여경必有餘慶).'고 하였다.

공자孔子의 어머니(母)

옛날 노魯나라 안보顔甫라는 사람은 딸 삼형제를 불러놓고 공자孔子의 아버지 되는 숙량흘叔梁紇에게 시집가기를 권하였다.

"공 씨의 조상은 본래 송宋나라 임금이었는데 나라를 동생에게 양도하고 자기는 그의 신하가 되었다. 자손도 그 조상의 뜻을 이어 조금도 그 가계家系를 탐내지 않고 겸허謙虛로써 가풍家風을 삼아세세에 선을 쌓고 덕을 베풀었으니 반드시 그 자손에게 귀한 아들이 나서 크게 가문을 일으킬 것이다. 지금 숙량흘은 나이가 들었으나 그 또한 덕있는 사람이다. 너희 셋 중 누가 그에게 시집을 가겠느냐?"

이 말을 들은 셋째 딸 징재徵在가 그 도리를 깨닫고

숙량흘에게 시집가서 대성 공자大聖孔子를 낳았다.

또 순임금(舜帝)은 소경의 아들로 아버지는 완고하고 어머니는 괄괄하였으며 동생은 오만한 자였다. 그러나 순舜은 어려서부터 효도와 지성을 다하여 그 어려운 환경 속에서도 선행을 쌓으므로 천명이 무심치 않아 그를 일천사해一天四海의 천자天子로 삼았고 세상을 떠난 후에도 그 신령은 길이 영묘의 제사를 받았으며 자손은 영원히 조상의 복락을 누렸다.

이에 공자孔子도 그를 찬탄하였다.

'덕으로 성인이 되고 존귀한 천자가 되고 부는 사해를 차지하고 종묘에서 제사 받고 자손이 복 누리다(덕위성인德爲聖人 귀위천자貴爲天子 부유사해富有四海 종묘향지宗廟饗之 자손보지子孫保之).'

지금은 내가 견문한 근년의 사실을 인증하여 설명하겠다.

적선積善의 갚음

양영(건녕부建寧府 사람)

 대대로 집이 가난하여 나룻배로 업을 삼았다. 한
번은 장맛비가 계속되어 물이 크게 불어 많은 집
이 떠내려 오고 죽은 시체까지 흘러내렸다. 사람
들은 작은 배를 타고 나가 서로 다투어 가며 가재
家財와 화물을 건져 모으기에 분주하였다.

 그러나 양영의 증조부와 조부는 재물에는 눈을
팔지 않고 사람 구하기에만 전력을 다하였다.

 사람들은 그를 비웃었다. 그러나 그 후로 집이
자연히 번영해지고 양영의 아버지가 태어났을 때
에는 집이 아주 부유하게 되었다.

 한번은 이인異人이 와서 말하기를,

 "너의 조부가 음덕을 쌓았으니 자손이 반드시 영
달榮達하게 될 것이다. 마땅히 묘지를 아무 곳에

정하라."

하는 것이었다.

그래서 그가 지정해준 곳에다 묘를 썼다. 지금 백토분白兎墳이라는 무덤이 이것이다.

양영이 출생하여 과연 20세에 급제하고 드디어 천하에서 가장 높은 벼슬인 삼공三公의 지위까지 올랐다. 아버지는 물론 나룻배를 타던 조부와 증조부에게도 삼공의 벼슬을 주어 조상을 빛나게 하였다. 또 그 자손이 다 영달하게 되어 지금까지 현자賢者가 많이 배출되었다.

양자증(은현鄞縣 사람)

처음은 그 현縣의 낮은 관리로서 마음에 자비심이 깊고 판단을 공평하게 하였다.

그때 현의 장관이 아주 엄격하여 어느 날 한 죄수를 심문하는데 곤장을 때려 피가 낭자하게 흐르는 데도 노기를 풀지 않자 자증은 그 앞에 꿇어 엎드려 진심을 다하여 용서를 빌었다.

 장관이 말하였다.

 "이 놈이 법도를 어기고 도리를 배반하였으니 이런 놈에게 노하지 않으면 어느 누구에게 화를 내겠느냐?"

 자증은 머리를 땅에 조아리며 말하기를,

 "옛 성현의 말씀에 도리를 잃어 백성이 흩어지게 되면 비록 백성이 죄를 지었을지라도 이를 잘 포섭하여 미워하지 말고 긍휼히 여기라고 하였습니다."

하며 성심을 다하여 아뢰자, 장관도 그제야 냉정을 되찾아 노여움을 풀고 낯빛을 고치게 되었다.

 그의 마음씨가 이러하거늘 남에게서 뇌물을 받는 일이란 절대 없어 집은 늘 구차하여 끼니때를 넘기는 일도 종종 있었다.

 그러나 죄수가 굶주릴 때는 무슨 방편을 쓰던지 이를 구제하였다.

 어느 날 새로 온 죄수 몇 사람이 굶게 되자 그는 몹시 걱정하였다. 집에도 쌀이 부족하여 죄수를 먹이면 식구들이 굶어야 하고 식구들이 먹으면 죄수들이 굶어야 될 형편이므로 그는 아내와 상의하였다.

 아내가,

"죄수들이 먼 데서 왔는가, 가까운 데서 왔는가?"

하고 묻자,

"멀리 항杭이라는 곳에서 왔는데 길에서부터 배고픔을 참고 와서 얼굴빛이 창백하다."

고 대답하니, 아내도 이에 동의하고 집에서 먹을 쌀을 전부 죽으로 쑤어 죄수들에게 먹였다.

평생 그 마음의 자비함이 이와 같았다.

그는 아들 둘을 두었는데 장남 수진守陳은 북경 이부시랑北京吏部侍郎이 되고, 차남 수지는 남경 이부시랑南京吏部侍郎이 되었다. 또 손자도 둘 있었는데 장손은 형부시랑刑部侍郎이 되고, 차손은 사천 염헌四川廉憲이 되어 자손 네 명이 모두 당시 명신名臣으로 칭찬을 받았다. 지금 이름 높은 초정, 덕정楚亭德政도 또한 자중의 후손이란다.

사도사謝都事(사람 이름)

옛날 정통 년중正統年中에 복건福建에서 등무칠鄧茂七이란 자가 난亂을 일으켜 사현沙縣에서 연평延平까지의 주군州郡들을 정복하니 그를 따르는 사람들이 많았다.

조정에서는 은현의 장해張楷라는 사람에게 이 난을 평정하라고 임명하였는데, 그는 계교를 써서 등무칠을 생포하였다.

그러나 아직 남은 무리가 많아서 그 후 포정사료布政司寮의 사도사라는 사람에게 군사를 맡겨 남은 무리를 남김없이 몰살하라고 명령하였다.

그런데 이 사도사는 어진 사람이라 많은 사람을 손상시키지 않고 진정시킬 방법을 생각한 끝에 마침 적 무리들의 명부를 입수하게 되었다.

그래서 이 명부에 기입되지 않은 사람들에게 작은 흰 깃발을 은밀히 나누어주고, 우리 군대가 도착하는 날 표시 나게 이 백기를 문에 달라고 하였다. 그리고 군사들에게 함부로 사람을 죽이지 말고 백기 꽂은 집에는 들어가지 말라고 엄명을 내렸다.

이리하여 구원받은 자가 일만여 명에 이르게 되

었다.

후일 사도사의 아들 사천謝遷은 일등으로 과거에 급제하여 드디어 재상宰相에까지 이르렀고 그 손자 사승謝丞도 또한 급제하여 탐화랑探花郎이라는 제2번의 과에 선발되었다.

임 씨 어미林氏 母(복건福建 사람)

임 씨에게는 자비심이 깊은 노모가 한 분 계셨다. 항당 단지를 만들어 사람들에게 주었다. 빌리려고 오는 사람에게도 손수 만들어주되, 어느 누구에게도 마다하는 법이 없었다.

한 이인異人이 있어 이 노모가 하는 일이 참 자비에서 나온 것인지 명예심에서 나온 것인지를 시험하기 위하여 매일 아침 와서 단지를 6, 7개씩 구하여 먹었다.

노모는 날마다 기쁜 마음으로 주기를 3년을 하루 같이 하였다.

이인은 그의 정성됨을 알고 노모에게 말하였다. "내가 3년 동안 당신의 단지를 먹었으니 무엇으로 그 은혜를 갚을까요. 당신이 만약 세상을 떠나면 부청 뒤에 좋은 땅이 있으니 반드시 거기 묻으라 이르시오. 그리하면 당신의 자손 중에 관록을 받는 자가 삼씨 한 되 만큼이나 많을 것입니다."

후일 어미가 죽은 뒤 그 아들이 이인이 가르쳐준 땅에 어미를 묻었다. 그의 대에 입신출세한 자가 아홉 명이요, 대대로 내려오면서 고위관직에 오른 자는 더욱더 많았다.

그래서 복건에서는 '임 씨 문중에는 급제 못한 자가 없다.'는 속담까지 생겨났다고 하였다.

풍탁암馮琢嵒(사람 이름)

 그의 아버지가 젊어서 읍에 있는 학교에 다닐 무렵 겨울 아침, 학교 가는 길에 한 사람이 눈 가운데 넘어져 있는 것을 발견하였다.

 손으로 만져보니 아직 온기가 남아 있으므로 옷을 벗어 그에게 입혀가지고 집으로 데리고 와서 정성껏 간호하여 소생시켰다.

 어느 날 밤 꿈에 신인神人이 나타나 말했다.

 "네가 한 사람의 생명을 구하였으니 그 정성이 지극하다. 내가 그 은혜로 한기韓琦를 보내어 네 아들을 삼으리라(한기는 송나라의 충신 위국공衛國公을 말한다. 『고문진보古文眞寶』 중에 나오는 화금당기畵錦堂記는 이 사람의 어진 덕을 기록한 것이다.)."

 후일 아들 탁암을 낳고 꿈을 생각하여 풍기馮琦

라고 이름을 지었는데, 성장하여 과연 태사관太史
館이 되었다.

내가 아는 바 풍탁암 태사가 바로 이 사람이다.

응상서應尙書(대주臺州 사람)

응상서는 장년시절에 산중에 들어가 학문을 공부
하고 있었는데 그곳에는 밤마다 악귀들이 출몰하
여 사람을 놀라게 하는 일이 있었으나 그는 조금
도 두려워하지 않았다.

어느 날 밤 귀신이 혼자 말하였다.

"어느 집 며느리가 그 남편이 타국으로 간 지 오
래되어도 돌아오지 않으니, 그 시아버지와 시어머
니는 다른 데 시집을 가라고 강권하나, 그 며느리
는 정녀여서 두 남편 섬기는 것을 부끄럽게 생각

하고, 내일 밤 이곳에서 목매어 죽으려고 한다. 그러므로 내가 그녀의 남편으로 변해서 그 여자를 얻으리라.”

응상서는 이 소리를 듣고 이튿날 자기 소유의 전지를 팔아 은 넉 냥을 마련하여 그 돈과 함께 며느리의 남편인양 거짓 편지를 부모에게 보냈다.

부모가 편지를 보고 필적을 의심하였으나, 그 속에 든 큰돈을 보고, 이는 내 아들이 사람을 시켜 대필로 써 보낸 것이라 생각하고, 며느리의 개가를 단념시켰다.

그 후에 아들이 돌아와 다시 부부로 생활하였으나 그 거짓 편지가 누구의 일인지는 알지 못하였다.

응상서는 어느 날 밤 또 악귀惡鬼들의 이야기를 들었다.

“내가 그 며느리를 아내로 삼으려 했을 때 저 밉살스런 선비가 그 일을 망쳐놓았다.”

다른 하나가 물었다.

"그런데 너는 왜 그 서생書生에게 원수를 갚지 않느냐?"

처음 귀신이 대답하였다.

"나도 그러려고 했었지만 제석천이 이미 그를 음덕상서陰德尚書로 내정하였으니 내가 어떻게 그에게 화禍를 줄 수 있겠느냐?"

응상서가 이 소리를 듣고 '그러면 제석천께서 나에게 상으로 상서尚書의 벼슬을 주셨단 말인가?' 하고 놀랐다.

그는 더욱더 선한 일을 행하고 덕행에 힘썼다. 흉년을 당하면 빈민에게 미곡을 나누어주고, 친척 중에 어려움을 당한 자가 있으면 도와주고, 남에게 무고를 당해도 다 나의 덕이 부족한 때문이라고 기꺼이 받아들였다.

후일 그는 과연 상서의 높은 벼슬에 오를 뿐 아

니라 자손들도 급제하는 자가 많았다.

서봉죽徐鳳竹(상숙尙熟 사람)

그의 아버지는 본래 부유한 사람이었는데, 어느 해 큰 기근이 들자 모든 소작인들에게 조세를 면제하여주고, 다른 부농들에게도 이같이 권할 뿐 아니라, 친히 미곡을 풀어 빈민들을 구제하였다.

어느 날 밤 귀신이 외치는 소리가 들렸다.

"천 번 틀림없이 만 번 틀림없이 서가의 수재 거꾸로 거인랑擧人郎이 되리라."

이 뜻은 서 가徐家의 아들이 겨울에 정부의 부름을 받아 출세하게 되리라는 의미요, 천에 하나 만에 하나 틀림없다는 말이다(이 일이 아직 정부에서 계획도 하기 전에 하늘에서 이미 정하였으므로

'거꾸로'라고 한 것이다).

이와 같이 외치기를 밤마다 하였는데, 과연 이 해에 서봉죽은 향시에 급제하였다.

이로부터 그 아버지는 더욱 덕 쌓기를 게을리 하지 않아 길을 만들고 다리를 놓았으며 스님이나 뭇사람에게 후의를 베푸는 등 무릇 세상에 유익이 되는 일은 마음을 다하지 않는 일이 없었다.

그 후 또 문전에서 귀신의 외치는 소리가 들려왔다.

"천 번도 틀림없이 만 번도 틀림없이 서가의 거인擧人은 곧바로 도당都當이 되리라."

이 뜻은 서가의 아들이 이 해에 도당벼슬에 오르리라는 말이다.

봉죽은 과연 도당벼슬에 오르고 후에 절서浙西와 절동浙東의 양순무사兩巡撫使까지 승진하였다.

도희공屠僖公(가흥嘉興 사람)

 도희공이 처음 형부주사刑部主事가 되었을 때 감옥에서 숙직하면서 죄수의 자세한 실정을 들었다.

 죄 없이 감옥에 들어온 사람도 몇 사람 있는 것을 보고 은밀히 그 사실을 자세히 기록하여 상관인 형부상서에게 제출하였다.

 그래서 사실을 심사할 때 상서는 희공의 비밀 상서를 참고로 하여 조사를 진행한 결과, 모든 일이 사실대로 드러나 그들의 무죄가 판명되었다.

 이렇게 무죄 석방된 자가 십여 명에 이르러 사람들은 모두 상서의 명철함을 칭송하였다(이것은 희공으로 말미암은 일이지만 희공은 이를 비밀에 붙이고 상서의 밝은 지혜와 판단으로 그 공을 돌렸다).

 이때를 기회로 하여 희공은 상서에게 자기 의견

을 진정하였다.

"지금 정부에서 직접 관할하는 감옥에서조차 죄 없이 억울하게 갇힌 자가 많은 터인데, 이 넓은 지역 수많은 백성 중에 어찌 억울한 죄명을 쓰고 고생하는 자가 없겠습니까. 저의 미련한 생각으로는 5년에 한 번씩 각처에 감형관減刑官을 보내어서 지방 관리의 치죄상황을 자세히 조사시키는 제도를 실시한다면 크게 자비로우신 일이 될 줄 믿습니다."

상서도 이를 좋은 의견이라고 생각하여 정부에 주청하였다.

정부에서도 찬성하여 재가를 얻고 희공도 이 감형관의 한 사람으로 선발되었다.

그가 한 지방에 갔을 때의 어느 날 밤 꿈에 한 신인神人이 나타나서 말하였다.

"너의 천명에는 아들이 없다. 그러나 이번 감형

제도가 이루어진 것은 크게 제석천의 뜻에 합당한 일이다. 그래서 제석천께서 너에게 세 명의 아들을 주신다. 모두 고위고관에 오를 것이다."

그날 밤에 부인이 임신하여 연이어 아들 응괴應壝, 응곤應坤, 응준應埈 삼형제를 낳았는데, 꿈에 본 신인의 말대로 모두 고관이 되었다.

포태수包太守(지양池陽 사람)

포태수는 아들 일곱을 두었는데, 그 중 일곱째 아들 포빙包憑의 자字는 신지信之였다. 그는 평호원 씨平湖袁氏의 사위가 되었다.

그 장인이 우리 집과 동성인 때문에 신지는 우리 아버지와 가장 친한 친우가 되었다.

신지는 박학다식한 수재였지만 여러 번 과거를

보았으나 웬일인지 급제하지 못하였다.

　또 평생 도학道學을 마음에 두고 있었는데, 어느 날 영호迎湖라는 곳으로 소풍을 갔다가 문득 어느 사원에 들어가 보니 관음상이 비새는 곳에 서서 비에 젖고 있는 것을 보았다. 이에 안 되겠다는 생각이 들어 짐 속에서 금 열 냥을 꺼내 주지스님에게 시주하고 관음당을 수선하라고 하니 스님이 말하기를,

"수선할 곳이 많아서 이 적은 돈으로는 낙성하기 어렵다."

고 대답하였다.

　신지는 다시 짐 속에서 베 네 필과 의복 일곱 벌을 내주었다.

　종이 나오면서 말하였다.

"일곱 가지 중에 삼으로 만든 바지는 새로 지은 것이니 남겨두는 것이 좋겠습니다."

신지는 이를 물리치며,

"보살도 비를 맞고 있는데 내가 비록 벌거벗고 있다 해도 괴로울 것이 무엇이겠느냐?"

하면서 모두 내주었다.

스님이 이를 듣고 감격하여 눈물을 흘리며 말하였다.

"금품이나 의류를 희사하는 일은 그다지 어려운 일이 아니지만 지금 정성어린 한 마디 말씀만은 세상도 감격할 마음씨입니다. 힘을 다하여 소원이 성취되도록 하겠습니다."

수선공사는 잘 되었다. 어느 날 신지는 아버지와 함께 절에 가서 하룻밤 지내게 되었다. 절의 수호신이 신지의 꿈에 나타나 감사하며 말했다.

"너의 자손은 세세에 관록을 받으리라."

그 후 머지않아 과연 아들 포대包汏, 손자 정방樫芳이 다 급제하여 높은 벼슬에 올랐다.

지립支立(가선嘉善 사람)

 그의 아버지는 형리 법관(刑官)이었는데, 죄수 중 죄 없이 사형을 받은 자가 있으므로 마음 깊이 이를 애석하게 여겨 어떻게든지 그 목숨을 구하려고 애썼다.

 어느 날 그 죄수는 자기 아내가 밥을 가지고 왔을 때 아내에게 말하였다.

"지공支公이 나를 구하려고 애쓰는 후의는 갚을 길이 없다. 내일 지공을 집으로 초대하여 잘 대접하고 네 몸을 그에게 바쳐 위로해 주었으면 한다. 그가 즐겨 받아들이면 내 목숨은 살아날 수 있을 것이다."

 부인은 남편의 생사가 걸린 일이므로 어쩔 수 없이 순종하기로 했다.

 이튿날 아내는 지공을 집으로 청하여 친히 술을

권하고 남편의 뜻을 전하면서 그 곁에 가까이 가려 하였으나 지공은 그 일만은 응하지 않았다.

그리고 지공이 온갖 힘을 다하여 주선한 결과 그는 사형에서 구출되었다.

감옥에서 나오던 날 부부 두 사람은 지공을 찾아가서 머리를 땅에 조아리며 감사하였다.

"공과 같은 후덕은 근세에 볼 수 없는 일입니다. 세상에는 도덕의 스승이요, 나에게는 생명의 어버이입니다. 무엇으로 이 은혜를 갚겠습니까. 공은 이미 중년을 지났어도 슬하에 자식이 없으니 저의 외딸을 공의 몸종으로 바치려 합니다. 공이 이미 제 목숨을 건진 음덕이 있으니 제 딸을 취하시면 반드시 아들 얻는 양보陽報가 있으리라 믿습니다. 이것이 천리의 감동할 일이 아니겠습니까."

지공도 항상 아들 얻을 생각을 품고 있던 중, 이를 고맙게 생각하여 예를 갖추어 받아들였다. 과연 아들을 낳으니, 그가 지립支立이다.

지립이 20세에 첫째로 급제하여 한림공목翰林孔
目의 고관까지 이르렀다. 지립의 아들 지고支高,
지고의 아들 지록支祿 모두 등용되어 대학박사大
學博士의 높은 관리가 되었다. 이 무렵 지록의 아
들 대윤大倫도 갑제에 오른 것은 너도 아는 바가
아니더냐.

무릇 이 열 명이 행한 일이 각각 같지 않다 해도
선행자의 좋은 표본이 아닐 수 없다. 이에 대하여
선을 행하는 요령을 말하고자 한다.

선을 행하는 데는 두 가지가 있다.

그 하는 일을 다른 사람이 모르게 하는 선을 음
덕陰德이라 하고, 사람이 알든 모르든 오로지 선
한 일이면 작은 일이라도 버리지 않고 굶주린 자
가 먹을 것을 탐하듯 싫은 내색 없이 힘써 행하는

것을 적선積善이라고 한다. 적선이든 음덕이든 그 경우에 따라 진실과 성의로 임하고 명성과 이름에 흐르지 않도록 힘써 행하면 죄장罪障이 소멸됨은 물론이고 행복에 이르는 데 이보다 더 빠른 길은 없다.

세상에서 재력 있고 세력 있는 사람은 선을 행하기 쉽다. 행하기 쉬운 일을 하지 않는 것은 나와 내 몸을 손상하는 것으로 스스로 부귀를 던져버리는 것과 다름이 없다. 쉬운 일을 더욱 힘써 행하는 것은 금상첨화로 이보다 더 아름다운 일이 어디 있겠느냐.

이와 달리 비천한 자는 선을 행하기 어렵다. 어렵다고 행하지 않는 것은 나와 내 몸을 버리는 것으로 더욱더 빈천에 뛰어드는 것이다. 어려운 일을 용감하게 행하는 것은 한 가지 선이 백 가지 선에 맞먹는다 할 것이다. 부자의 만등萬燈보다 빈자의 일등一燈이란 것이 이 뜻이다.

 또 이외에 주의할 것은 힘써 선을 행하면서 스스로 선인인 체 하지 말고 조금도 내색을 하지 않는 일이다. 이것이 최상의 선인이다. 다만 일에 따라 연緣에 따라 사람을 돕고 대중을 구제하여야한다. 무릇 행선의 종류는 많으나 그 대요를 요약하여 말한다면 10개 조가 된다.

행선 10조行善十條
- 선을 행하는 10가지 방법

생활 속에서 선善을 행한다

 사람들 속으로 들어가 함께 살면서 저들을 선으로 인도하는 것이다.

 옛날 순舜임금이라는 성인은 물가에 살면서 어민들의 생활상을 살펴보았는데, 젊은이들이 노인을 물리치고 힘센 자는 약한 자를 눌러 고기가 많이 모이는 곳을 점령하여 제 어장을 삼으니 늙은이나 약한 자는 할 수 없이 얕고 물결 센 곳에서 고기를 잡아 소득이 별로 없었다.

 순은 이것을 보고 마음으로 민망히 생각하여 몸소 고기 잡는 자들 속으로 들어가 함께 어울려 고기를 잡으며, 늙은이와 약자들을 고기 많은 곳으로 인도하여 주어 고기를 많이 잡게 하고, 자기는 고기 적은 곳으로 가서 날마다 조금씩 잡았다.

그 중에 억세고 싸움하기 좋아하는 자가 있으면 못 본 체 상대하지 않았으며, 그 중에 입만으로도 바른 소리하는 자가 있으면 크게 칭찬하여 주었고, 그 중에 순이 하는 일을 본받아 남에게 양보하고 동정하는 자가 있으면 깊이 감심하여 이를 칭찬하고 이를 모범으로 삼아 다른 사람들을 가르치고 장려하였다.

일 년 후에 그곳에 있는 남녀노소 모두 그 덕에 감화되어 서로 좋은 곳을 남에게 양보하게 되었다.

순은 어떤 때는 밭을 갈아 농사를 짓고, 어떤 때는 시중에서 도자기도 구웠다. 그는 어디 가서 무엇을 하며 살든지 같은 방법으로 그곳의 주민들을 모두 선한 길로 인도하였다.

사람을 감화하는 데는 말로만은 될 수 없고 무지몽매한 자들 속으로 들어가서 친히 행위로 모범을 보여 훈도하는 것이 중요한 일인데 성인聖人의 마음 쓰는 바가 바로 여기에 있는 것이다. 이것이 사람과 함께 선을 행하는 것이다(여인위선與人為善).

성인도 이같이 고심하거늘 우리들 범부가 세상을 살아가는데 있어서 내가 연장年長이라고 해서 남을 업신여길 수 없고, 내가 선을 행했다고 해서 남의 악을 드러낼 수 없고, 내가 재능이 있다고 해서 남을 시기할 수 없고, 내가 재지를 품었어도 없는 것 같이 빈 것 같이 할 것이요, 남의 허물을 보면 잠깐 내 마음에 담아두고 제가 스스로 깨닫고 부끄러워할 수 있도록 정성을 다하여 회개하도록 힘쓸 것이다.

또 사람에게 자그마한 선사 선행이 있는 것을 보면 나의 식견을 버리고 그 선사 선행에 동의하고 이것을 사람들에게 칭찬하여 세상이 알게 할 것이다.

이것이 다 사람과 함께 하는 행위(여인위선與人

爲善)이다.

무릇 일상생활에 한 마디 말을 하고 한 가지 일을 행하는 데도 내 마음 내키는 대로 하지 말고 세계의 사표, 만인의 모본이 되도록 힘써 행하라. 이것이 참으로 천하 대인의 도량이다.

사랑과 공경愛敬의 마음을 가지라

사랑이라 함은 인仁을 말함이요, 공경(敬)이라 함은 예禮를 말함이요, 존심存心이라 함은 항상 마음에 새겨 잊어버리지 않는 것이다.

무릇 군자와 소인을 그 행적에서 본다면 일에 있어서는 절의를 지키고, 소득에 대해서는 염결廉潔을 지키고, 혹은 문장이 훌륭하고 정사에 능숙한 것 등은 군자뿐만 아니라 소인도 능한 자가 있어

이로써 군자와 소인을 구분하기는 어렵다. 다만 그 마음에 가지고 있는 선과 악이 다른 것이 흑과 백이 다른 것 같이 판이하다.

그러므로 맹자孟子도 말하기를 군자가 소인과 다른 것은 그 마음가짐에 있다고 하였다. 즉 군자는 항상 본심을 주로 하여 때에 따라 본심을 따라 행하고, 소인은 항상 사심을 주로 하여 때에 따라 본심을 떠나므로 군자와 소인의 구별은 그 마음가짐에 있다는 뜻이다.

군자의 마음에 가지고 있는 것은 인仁과 예禮, 두 가지다. 인은 모든 사람을 사랑하는 것이요, 예는 모든 사람을 존중한다는 뜻이다. 인은 하늘의 마음이요, 예는 땅의 법이다.

보라, 하늘은 만물을 사랑하고 길러 친소 귀천의 차별이 없고, 땅은 산과 골과 언덕과 못 등 존비 고하의 질서를 바로잡아 조금도 문란함이 없다.

이와 같이 고하가 다르고 존비의 위가 같지 않아도 만물을 헤아리는 데 있어서는 편파와 차별이 없는 것이다.

사람도 또한 이와 같이 친소도 있고 귀천도 있고 지우도 있고 현불초賢不肖도 있어 모든 것이 같지 않으나, 다 나의 동포요, 다 나의 한 몸이니 어찌 사랑하지 않으며 중히 여기지 않겠는가.

옛날의 성현도 다만 이 한 마음을 인과 예에 두어서 천신天神 지기地祇와 일치한 마음으로 천하 인간을 애경愛敬한 까닭에 편차와 간격이 없는 것이 완전完全히 천지와 다름없었다.

그러면 모든 인간을 애경한다는 것은 곧 성현을 애경하는 것이고, 모든 사물에 순하여 거슬리지 않고 마음을 화하여 모든 사람과 뜻이 통하는 것은 곧 성현의 뜻과 통하는 것이다.

왜냐하면 성현의 뜻은 세상 인간으로 하여금 각

각 그 해당한 사명을 다하게 하는 외에 다른 생각이 없는 것이다.

그러므로 이 마음을 성현의 사랑에 합하고, 이 마음을 성현의 경敬에 합하여 일세의 사람을 안정시키는 것은 곧 성현을 도와 성현의 뜻을 이루는 것이다. 하물며 옛 성현도 인간의 자비심을 일으켜 그 자비심으로 성현이 되고 불타가 되었으니 각 사람의 마음이란 곧 덕을 세우고 복을 심는 복밭(福田)인 것이다. 그러니 어찌 애경愛敬하지 않겠는가.

『대학大學』에서 명덕名德을 천하에 밝힌다는 것도 천하를 떠나서는 명덕을 밝힐 도장이 없다는 뜻이다. 이 뜻을 잘 터득하여 평생일념을 확고히 애경의 위에 둘 것이다.

사람의 미덕美德을 성취시켜라

성인의 미(성인지미成人之美)라 함은 사람이 가지고 있는 좋은 뜻을 돕고 길러 그 미덕을 성취시키는 것을 의미한다. 아름다운 옥玉도 돌 속에 숨겨져 있을 때 그대로 버려두면 한 개의 돌에 지나지 않으나, 그것을 쪼면 빛을 발하는 세상의 보배가 되는 것이다.

사람의 마음속에 있는 좋은 뜻도 마치 갈지 않은 옥과 같다. 하여 이것을 육성하지 않으면 평범한 범인일 뿐이다. 그러므로 사람의 좋은 뜻과 좋은 생각을 발견하면 힘을 다하여 도와주고 협조하여 성취시켜야 한다.

이것을 돕는 법은 주위를 장려하고 그 재료를 빌려주고, 혹은 이를 위하여 그 사업을 유지하고, 혹 남의 꼬임을 받아 미혹迷惑되는 일이 있으면 그 사람을 대신하여 변호하고 중간에 끼어들어서라도 그 비방誹謗을 조화시키고, 무슨 방편을 쓰더라도 다만 그 선한 뜻과 선한 일을 훌륭히 성취시키도록 힘쓸 것이다.

무릇 나와 의견을 달리하는 사람을 미워하고 싫어하는 것은 세상의 인정이어서, 세상에 선인은 적고 불선한 사람은 많아, 혹 누가 선한 일을 계획하는 자 있으면 많은 사람들이 반대편에 서서 방해하고 헐뜯는 것이 말세의 풍조이다. 그러므로 선인이 이 세상에서 혼자 자립하여 선을 실현하기는 참으로 어려운 일이다.

그런 까닭에 선한 생각을 품고서도 일생을 아무 일도 못하고 헛되이 썩고 마는 것은 참으로 유감 천만의 일이다. 하물며 범부凡夫보다 뛰어난 기개를 가진 사람은 사소한 일에 거리끼지 않고 자신이 목적한 바를 실행하는 경우가 많아, 이것을 시빗거리로 많은 소인들이 비방하고 방해하는 때문에 선한 일도 항상 실패하기 쉽다. 선인이 항상 비방을 듣고 스스로 서기 어려운 것은 고금을 통해 일반적인 일이라 참으로 통탄할 일이다.

다만 세상에 자비심 깊은 어진 사람이나 마음 넓은 장자는 선인에게 협조할 뿐만 아니라, 비록 나와 의견을 달리하여 호의적이지 않은 사람이라 할지라도 그가 선한 뜻을 품고 선한 일을 계획하는 사람이라면 외면하지 않고 잘 돕고 인도하여 그 미덕을 성취하게 하는 것이다.

이 같은 인인仁人 장자長者는 세상의 비난을 마음에 두지 않고 사람들의 질투에도 상관없이 다만 선에만 마음 쓰기 때문에, 지방에서는 지방의 원기를 북돋아주고, 한 나라에 있어서는 한 나라의 명맥을 배양하는 사람이라 그 공덕이 가장 위대한 것이다.

사람에게 선행을 권하라

무릇 사람의 속내를 들여다보면 선심이 없는 사람은 없다. 다만 세상살이에 쫓겨서 간혹 선사를 들어도 귀에 담지 않고, 귀로 들어도 마음에 담지 않고, 마음에 담아도 몸으로 행하지 아니하여 헛되이 일생을 보내는 자가 많을 뿐이다.

또 원래부터 빈천한 자는 항상 빈곤에 시달려서 차라리 악심을 품지 않으나, 중도에 곤궁에 빠진 자는 그 고통을 견디지 못하여 얻지 못할 횡재를 탐하고, 혹은 부귀한 사람을 시기 질투하여 쓸데없는 소송을 일으키고, 혹은 정직한 사람을 업신여겨 간교한 모함에 빠뜨린다.

이런 사람은 마침내 천벌을 받고 고향에서는 버림을 받아 악도에 침륜하고 만다.

이런 사람을 만나면 무슨 방법으로든지 그 미혹을

깨우쳐 주고 점차 선도善道로 인도하되, 마치 물에 빠진 사람을 건져내는 것과 같이, 꿈속에 있는 사람을 깨우듯이 그를 돌아서게 해야 할 것이다. 그가 비록 고통스러운 세상살이를 보내는 사람이라 할지라도 일단 선심 쪽으로 생각을 돌리게 되면 몸과 마음이 즉시 안정을 찾고 원망과 질투의 마음이 사라져 고생살이도 그다지 괴롭지 않아 어느새 운명이 차츰 번창의 길로 접어들게 되는 것이다.

그러나 미련하고 완고한 사람은 이 곧은길을 멀고 도는 길로 생각하여 일생 선한 길에 발을 돌리지 않는 것은 참으로 슬픈 일이다.

한퇴지韓退之는 이렇게 말했다.

"일시 사람을 권할 때는 말로 하고, 백세에 내려가면서 사람을 권하는 것은 글로 한다(일시 권인이구一時勸人以口 백세권인이서百世勸人以書)."

이 말과 같이 때와 경우에 따라 입으로써 말하거

나, 혹은 서책으로 가르쳐 항상 선을 권하기를 주저하지 말 것이다.

무릇 사람은 각각 기질이 다르므로 그 사람의 기질에 따라 재미있게도 쓰고 혹은 우습게도 말하여 악을 버리고 선에 나아가도록, 마치 의사가 증상에 따라 약을 쓰는 것과 같이 할 것이다.

또 간절한 나머지 너무 자주 책망하여 서로 사이가 벌어진다든지, 혹은 저 사람의 마음이 악하기 때문에 나에게 피해가 있다 하더라도 즉시 반성하여 이것은 내 지혜가 부족한 탓이요, 내 덕이 모자라는 까닭이라고 내 마음에 돌이켜 보기를 힘쓸 것이다.

삼가 화를 내지 말라. 만약 화를 낸다면 가르침을 받은 사람보다도 도리어 내가 열등한 소행이 되니 깊이 조심하고 삼가야 한다.

사람의 위급을 구하라

 사람을 어려움에서 구해주는 일이 옳은 일이다. 지난날의 부주의한 일이 일시에 폭발하여 몸에 닥쳐오는 환난患難이 되거나, 혹은 조그만 잘못으로 남에게 책망 듣는 일도 있고, 혹은 별로 잘못이 없는데도 무리한 모욕을 당하는 일도 있고, 내 힘으로 감당할 수 없어서 당면하는 어려움도 있으며, 혹은 일시의 착오로 법을 범하는 등의 어려움은 세상에 종종 있는 일이다. 속는 사람을 보고 불에 닿지 않은 손이 델 리가 없다고 무관심하게 지나치는 것은 세상의 인정이라 더욱더 고통 당하는 일이 많다.

 간혹 이런 사람을 만나면 내 몸에 당한 일같이 생각하여 보통 있는 일이니 무슨 허물될 것이 있겠느냐고 먼저 그 사람의 마음의 고통을 덜어준

다음, 여러 면으로 살펴서 말로 그의 무죄를 대변하여 주고, 혹은 방편을 써서라도 그의 고통을 벗겨주어라.

최자崔子가 말하기를,

"은혜는 큰 데 있는 것이 아니요, 남의 어려움을 구하는 일이 옳은 일이다(혜부재대부인지급가야惠不在大赴人之急可也)."

하였다.

이것은 사람에게 은혜를 베푸는 일이라 해서 반드시 큰 일만 있는 것이 아니라 다만 어려움을 당한 자가 있을 때마다 찾아가서 도와주면 이것이 은혜를 베푸는 일이라는 뜻이다. 이것은 참으로 인자仁者의 말씀이다.

세상을 살펴보면 선인이라 하지 않더라도, 천성이 남의 일 돌보기를 좋아해서 사람의 급난急難을 구하기를 내 몸의 아픔을 없애듯 하며, 혹은 협기

俠氣를 가지고 피할 데 없는 사람을 숨겨주거나, 형벌을 받을 사람을 돌보아 무사하게 하고 안심시키는 등의 선한 일을 하면서도 자기는 별로 선한 일로 생각지 않는 자가 있다.

 이 같은 사람이 후일 뜻밖의 재물을 얻거나 훌륭한 아들을 두거나 무병장수하여 안락한 여생을 보내게 될 것이다.

 무릇 세상에서 선인이라고 일컬을 만한 사람이 아닌데도 생애를 행복하게 보내는 사람을 보고 의아하게 생각하는 사람들이 많다.

 이는 반드시 음덕의 양보陽報로써 숨어서 쌓은 선한 일이 드러나 갚음을 받는 것이다.

 다만 사람을 구하는 데는 몸의 고통을 구하는 것보다 마음의 고통을 구하여 주는 것이 진실로 남들이 모르는 큰 선이니 힘써 지키어 행하라.

 만약 이와 달리 비록 미워하는 상대라 하더라도,

그에게 마음의 고통을 주고 속 시원하다고 생각하는 자들은 반드시 몇 배의 악보惡報를 받을 것이다. 마땅히 두렵고 경계하여 속히 회개해야 할 것이다.

공익사업을 일으키라

작게는 한 동리, 한 마을에서, 크게는 한 도道 나 전국적으로 사람들에게 유익한 일을 일으키는 것이다. 예를 들어 배수가 잘 안 되는 곳에는 수로를 뚫고, 용수가 부족한 데는 저수를 하고, 수해가 염려되는 곳에는 제방을 쌓고, 길이 나쁜 곳은 길을 닦고, 강을 건너기 불편한 곳에는 다리를 놓고, 혹은 가난한 사람에게 먹을 것을 주고, 나그네에게 숙소를 빌려주고, 더운 철에는 물과 차를 대접하고, 갈림길에는 이정표를 세워 여행자에게 편리를 주는 일들이다.

이 같은 일은 나 혼자 힘으로는 부족하므로 많은 사람의 힘을 합하여야 할 것이다. 만약 세상의 지탄을 받거나 호사가라고 조소와 비방을 받아도 조금도 피하지 말고 내 몸의 괴로움을 잊고 비방하는 사람에게 원망을 품지 말고 오직 하늘의 뜻을 위하여 힘써 정진해 갈 일이다.

재물을 던져 복福을 만들라

불법佛法은 만행 중에서 보시布施를 제일로 여긴다. 보시라 함은 버린다는 뜻이다(이로써 남의 칭찬이나 예를 받겠다든가 보답을 얻겠다는 생각을 끊어버린다).

불법의 달인達人은 눈(眼), 귀(耳), 코(鼻), 혀(舌), 몸(身) 뜻(意)의 육근六根도 버려 내 몸으로 생각지 않고, 빛(色), 소리(聲), 향기(香), 맛(味), 촉각(觸), 생각(法)의 육진六塵도 벗어버려 내 공덕이라 생각하지 않는다. 모든 경우 일만 행의 공덕도 내 공덕이라 생각하지 않는다.

그러나 그것은 대단히 어려운 일이므로 먼저 재물부터 버리고 도와주는(보시布施) 것이다.

그 까닭은 인간은 의복과 음식으로 목숨을 이어 가는데 그 '의'와 '식'은 돈으로 얻는 것이므로 세상에서는 돈보다 더 중요한 것은 없다. 그 중요한 재물을 던져 남을 도울 때 안으로는 나의 탐욕의 죄를 없애고, 밖으로는 남의 빈고貧苦의 어려움을 구하여 자타가 함께 큰 공덕이 되는 것이다.

이 공덕을 누구에게 돌릴 것인가. 돌고 돌다가 반드시 그 사람에게 돌아가기 때문에 복을 만든다

(작복作福)고 말하는 것이다.

 다만 이 일은 처음에는 행하기 매우 어렵다. 그러나 힘써 행하여 나아가면 후에는 기분이 좋고 마음이 평안하게 되어 그 유쾌함은 이루 말로 표현할 수 없다. 이 일을 힘써 행함으로써 더러운 정을 씻어버리고 탐욕을 제거해버릴 수 있다.

바른 신앙을 가져라
(정법正法을 호지護持하라)

 유도儒道와 불도佛道를 합하여 정법正法이라 한다. 정법은 세계에 있어서는 일월日月이요, 인간에 있어서는 눈이다. 정법이 있으므로 천지의 사명도 이루고, 만물의 육성育成도 돕고, 마음의 때도 씻고, 국가도 다스리며, 마음의 결박을 풀어 세상 밖으로 해탈하기도 한다.

 정법이 없으면 선악을 모르고 시비가 혼란하여 세상은 어둡게 되고 사람은 소경이 될 것이다.

 그러면 성전 불당을 가장 존경하고, 경전 경문을 정중히 하되, 만약 파손이 되면 이것을 수리하여 위광을 더하고 법도의 번영을 꾀할 것이다.

 이것이 위로 천지의 덕에 보답하고 나라의 은혜를 갚으며, 아래로 인간의 본분을 다하는 일이므로 가장 힘써 태만을 없애도록 해야 한다.

존장尊長을 공경하라

 국가에서는 주군主君, 집에서는 부형을 비롯하여 모든 지위 높고 덕망 높은 사람, 식견이 탁월한 사람, 연세 많은 사람을 다 공경하고 존중하라.

직장의 상사도 같으니라.

집에서 부모를 섬길 때는, 평생 입은 부모의 큰 은혜에 감사하며 이를 어떻게 갚을까 마음을 다하고, 기품을 낮추고 그 뜻에 거스르지 않도록 명심하라. 부모가 만약 노년에 이르면 자연 마음이 적적할 것이니 항상 그 곁을 떠나지 말도록 힘쓰라. 조금이라도 귀찮고 답답하다고 생각하지 말라. 그렇게 생각하여 가까이 하지 않으면 그것이 버릇이 되어 더욱더 귀찮게 생각되는 것이다. 오직 얼굴에 웃음을 띠고 소리를 부드럽게 하여 자주 가까이 하면, 또한 그것이 습관이 되어 귀찮다 생각되지 않을 뿐 아니라, 마지막에는 부모의 기뻐하는 얼굴이 나의 기쁨이 되고, 부모의 즐거워하는 마음이 나의 즐거움이 되는 것이다.

이와 같이 힘쓸 때 그 습관이 천성이 되어 유화공순恭順한 선인이 되는 것이다.

그래서 그 유화 공순의 기품이 천지 신불을 감격시키는 근본이 되는 것이니, 자연 가문이 번영하고 자손이 장구하여 이에 더한 비결이 없는 것이다.

  또 나아가 군왕을 섬길 때에는 겉과 속을 같이하는 것이 제일이다. 비록 한 가지 일을 하더라도 임금이 알지 못한다고 내 마음대로 하지 말라. 비록 한 사람을 벌할지라도 임금이 보지 않는다고 하여 사사로이 하지 말라.

  옛 사람이 말하기를 임금 섬기기를 하늘같이 하라 한 것은 참으로 천고의 격언이다. 하늘이라 생각하면 어찌 표리가 있겠는가. 이것은 음덕에 관계되는 일이다.

  충효스러운 가정을 보라. 다 자손이 장구하고 가문이 번영하다. 이것을 보고 깊이 삼가 힘쓰도록 하라.

생명을 애석히 여기라

 살생을 경계하는 일이다. 무릇 사람이 사람 된 까닭은 오직 생명을 긍휼히 여기는 자비심이 있기 때문이다. 이 자비심慈悲心은 천지신명의 마음으로 또한 만물의 본심이다.

 성인이 인仁을 구하라 함은 이 자비심을 가지라 함이요, 군자가 덕을 쌓으라 함도 이 마음을 쌓으라 함이다. 불교에서 살생을 경계하는 것도 이 마음을 기르기 위함이다.

 그러므로 생명을 죽이고 목숨을 빼앗는 것은 나의 본심을 죽이고 나아가 천지 신불의 마음을 죽이는 것이다. 어찌 두렵고 경계할 일이 아니겠느냐?

 중국에는 소, 양, 돼지 등을 잡아서 천지신명께 제사한 옛 전통이 있었는데, 성인은 그 정월제에는 암컷을 잡는 것을 금하였다. 이것은 봄이 되면 암컷은 생산을 하기 때문에 그것을 긍휼히 여겨서 금한 것이다.

또 맹자는 '군자는 푸줏간을 멀리한다.' 하였다. 이것은 소, 양, 닭, 돼지가 죽을 때 부르짖는 괴로운 소리를 듣고서는 그 고기가 목으로 넘어가지 않기 때문이다.

이것은 다 자비심을 해치지 않으려는 심정에서 나온 것이다. 그러므로 전에는 4불식不食의 계戒를 지킨 사람이 있었다.

첫째, 죽이는 소리를 듣고는 그 고기를 먹지 않는다. 둘째, 죽이는 모양을 보고는 그 고기를 먹지 않는다. 셋째, 집에서 기르는 것은 먹지 않는다. 넷째, 나를 대접하기 위하여 일부러 잡은 것은 먹지 않는다.

사람이 결심하여 고기를 끊을 수 없다면, 먼저 이 같은 계戒부터 지키는 것으로 시작하여 점점 나아가 네 발 짐승, 다음에는 두 발 짐승, 다음에는 생선, 조개, 알 등속까지 산 것을 죽여 먹는 일을 끊고, 다음에는 무염물無鹽物을 끊도록 하라. 자비심이 더하고 자람에 따라 모든 것을 끊어도 괴로움을 느끼지 않게 되는 것이다.

이뿐만 아니라 개미 같은 것도 천심중天心中의 영물로 이것도 목숨이다. 결코 함부로 해치지 말라. 될 수 있는 대로 돕고 살리도록 하라.

살생을 금禁하는 것과 방생放生을 권하는 것은 마치 안과 밖과 같다.

옛날에 개미가 물에 빠진 것을 구해주고 높은 벼슬에 오른 사람이 있고, 죽어가는 사슴 새끼를 도와주고 재상宰相의 벼슬에 오르고, 새를 구하여 주고 삼공三公이 되고, 거북이를 놓아주고 제후諸侯가 된 예가 있다.

이들은 무슨 일이나 자비심을 실행한 까닭에 천

지 신불의 거룩한 마음과 일치하여 입신출세하게 된 것이다. 말하자면 잔인한 마음으로 생명을 죽이는 것은 물론 비록 죽이지는 않아도 그 괴로워하는 것을 보고 즐기는 것은 참으로 큰 살생이다. 이것은 나의 본심을 죽이고 천지 신불의 마음을 죽이는 것이다.

 그렇지만 국가를 위하여 전장에 나아가 적과 싸워 이를 죽이는 것은 나 개인의 이익을 위한 것이 아니고 국가와 민족을 위한 헌신과 희생에서 나오는 일이므로 이는 당연한 일이고 본분을 지키는 충성된 일이라 죄가 될 수 없고 공을 세우는 일이 된다.

 선행은 끝이 없다. 일일이 다 쓸 수 없다. 먼저 이 열 가지를 몸소 행하고 이것을 널리 실천하면 만덕萬德을 구비하는 데 이를 것이다.

개과지법改過之法
- 잘못을 고치는 방법

허물을 고치라(改過)

앞 장의 선을 행하는 10조는 행위상의 교훈이요, 이 장의 개과改過 3조는 심법상의 교훈이다.

춘추시대春秋時代의 어진 어른들은 사람의 언어와 행동을 보고 그 사람의 장래의 길흉화복을 말하여 하나도 틀림이 없었다. 이러한 사실은 좌전左傳, 국어國語 등에 밝혀져 있다.

무릇 사람의 길흉화복은 먼저 마음속에서 움터서 얼굴과 수족에 나타나고 거기서 온몸에까지 퍼져 나오는 것이다.

일반인의 행실은 모두 지나치거나 모자람(過不及)

이 많은 것인데, 그 친절함이 넘치는 자는 복을 받고 박정함이 지나친 자는 항상 화를 당하기 쉽다는 것으로 보았다.

속인으로는 이 상태가 보이지 않기 때문에 험난險難을 만나고, 혹은 천재天災를 만나고, 혹은 화재 수난 등을 만날 때 이것이 우연히 당하는 일로 생각되나, 모든 선이나 악은 다 하늘에 통하여 있는 때문에 현인의 눈에는 장차 복 받을 것도 그의 선행을 보고 미리 아는 것이요, 장차 화가 미치는 것도 그 언어와 행동이 악한 것을 보고 미리 알았던 것이다.

옛날 춘추시대에는 성인이 떠난 지 얼마 되지 아니한 때이므로, 현자들의 형안炯眼으로 보고 정한 일이 대개 적중한 것은 진실로 도리에 합당한 일이다.

지금 각 사람의 마음을 보면 선에 움직이기보다

는 악에 움직이는 일이 많아져서 이것이 얼굴과 수족으로까지 나타나 흉사 재난의 징조를 알 수 있게 된다.

복을 얻고 화를 멀리 하려면 선을 행하기 전에 먼저 내 마음의 허물부터 고칠 일이다. 그 허물을 고치는 데 세 가지 용심用心이 있다.

상문上文에 '춘추 때의 어진 대부大夫들은 장차 올 길흉화복을 미리 간파하였다.'고 말했는데, 이것은 좌전左傳이나 국어國語를 읽은 사람은 잘 알지만 지금 그 글을 읽지 못한 사람을 위하여 간략하게 기록하여 보이려 한다.

허물을 고치라(改過)

　노魯나라 환공桓公이 송宋나라의 난을 평정했을
때 송나라로부터 한의 큰 솥(大鼎)을 뇌물로 보내
었다.　환공이 크게 기뻐하여 이것을 대묘大廟에
두려고 했다.

　그때 장손달藏孫達이 간諫하여 말하였다.

"임금 된 자는 덕을 밝히고 위법한 일을 막아 자
손과 백관들에게 본을 보여도 오히려 덕을 잃을까
두려운데, 덕을 멸하고 뇌물로 받은 그릇을 대묘
에 두어 백관에게 보이면 백관이 이것을 본받을
때 어떻게 책할 수 있습니까."

　주周나라의 내사內使가 이 말을 듣고 장손달의
자손은 노나라에서 길이 번영하리라 하였는데 과
연 후일 크게 번영하였다.

초楚나라 굴하屈瑕가 나羅를 치려고 출정할 때 투
백비鬪佰比가 전송하고 돌아와서 그 어자(말 모는
사람)에게 말하였다.

"굴하는 반드시 패하여 죽을 것이다. 발을 드는
것이 높고 마음이 굳지 못하다."

　과연 굴하는 이 싸움에 패하여 황곡荒谷이라는
곳에서 목 매어 죽었다.

　송宋나라에 큰 홍수가 났을 때 노나라 장공莊公
이 사자를 보내어 위문하였다. 이때 송나라 임금
이 노나라 사자에게 말하였다.

"나(고孤)의 불경한 탓으로 하늘이 재앙을 내려서
이렇게 이웃나라까지 걱정을 끼치게 되니 면목이
없습니다."

　노나라 장문중莊文中이 이 말을 듣고 이렇게 응
답하였다.

"송나라는 흥할 것이다. 나라에 흉사가 있을 때

겸손하여 고孤라고 하는 것은 예禮다. 입에 두려움을 띠우고 명칭에 예가 있는 것이 그 징조다."

후에 이 말이 공자公子 어설御說의 말이라 함을 듣고 말하였다.

"그러면 어설은 송나라의 임금이 될 것이다."

하였는데 과연 그 말대로 되었다.

주周나라의 오대부五大夫가 자퇴子頹를 왕으로 세우려고 왕을 공격하였는데 패하여, 자퇴는 위衛나라로 망명하여 갔다. 그 해에 위나라와 연燕나라 군사가 주나라를 쳐서 드디어 자퇴를 왕으로 세웠다. 이듬해 자퇴가 오대부를 초청하여 육대六代의 악樂으로 즐기었다.

정백鄭伯이 이 일을 듣고 말하였다.

"슬퍼할 때 즐기고 즐겨야 할 때 슬퍼함은 반드시 재앙이 이를 것이다. 지금 자퇴는 왕의 자리를 빼앗았으니 이보다 더 큰 화는 없는 것이다. 그런데도 노래와 춤이 그칠 줄 모르니 이것은 화를 즐기는 것이다. 반드시 근심이 닥칠 것이다."

과연 그는 이듬해 죽임을 당하였다.

정鄭나라 여공厲公이 왕성을 쳐서 주왕周王을 자리에 복귀시켰을 때 왕을 금궐의 곁에 초청하여 또 육대의 악을 연주하였다.

원백原伯이 이를 듣고,

"여공도 장차 화 있으리라."

하였는데 과연 그해 5월에 여공이 죽었다.

노나라 정공定公 때 주자邾子가 노나라에 왔다. 주자는 얼굴을 들고 옥을 높이 들었다. 정공은 옥을 받는데 몸을 낮추고 얼굴을 숙였다.

자공子貢이 이를 보고 말하였다.

"이 두 임금은 다 죽으리라. 서로 상면하는 태도가 모두 도에 맞지 않는다. 마음은 이미 죽었다. 지금 그것을 높이 쳐드는 것은 교만이요, 낮추고

속이는 것은 쇠약한 모습이다. 교만은 난亂에 가
깝고 쇠약은 병에 가깝다. 그런데 주자는 손님이
요 정공은 주인이다. 정공이 먼저 죽을 것이다."

 과연 그해 5월 정공이 죽고, 주자는 7년 후 노나
라 애공哀公의 포로가 되었다.

 초자楚子나라 월초越椒가 노나라에 초빙되어 왔
을 때 오만한 태도로 진상물을 받았다.

 숙중혜백叔仲惠伯이 이것을 보고 말하였다.

"약오 씨若敖氏 종족은 멸망하리라. 그 선군先君
에 대하여 오만하였으니 재석천이 복을 주시지 않
을 것이다."

 그 후 13년 가을 초자는 과연 약오 씨와 싸워 그
일족을 멸하였다.

 노나라 숙손착이 송나라에 초빙되었을 때 송공이
숙손叔孫을 초대하였는데 이튿날 주연자리에 송공
이 숙손과 담화하면서 함께 울었다.

이때 악기가 접대역을 맡아 일을 하다가 물러나와 사람에게 말하였다.

"금년에 임금과 숙손이 다 죽을 것이다. 즐거운 것을 슬퍼하고 슬퍼할 것을 즐거워함은 다 마음을 상한 것이다."

어찌 세상에 오래 있겠느냐고 말하였는데 과연 숙손은 그 해 겨울 10월에 죽고 송공은 11월에 죽었다.

노나라 성공成公이 여러 대신과 함께 왕을 뵙고 드디어 유강공劉康公 성숙공成肅公을 따라 제후諸侯를 모아서 진秦나라를 쳤다. 이때 출병 제를 지내는데 성숙공이 불경不敬하였다.

유강공이 이것을 보고 말하였다.

"백성은 천지의 중中을 받아 출생하였다. 이것이 소위 명命이다. 이로써 예의와 위의의 법칙이 생겨서 명을 정하는 것이다. 잘하는 자는 이것을 양하여 복을 받고, 잘못하는 자는 이것으로 화를 취한다. 이런 까닭에 군자는 예를 부지런히 하고, 소인은 힘을 다하는 것이다. 예를 부지런히 하는 데는 신을 섬기는 것보다 중한 일이 없고, 힘을 다하는 데는 이을 지키는 것보다 중한 것은 없다. 그러므로 국가의 큰일은 제사와 군사에 있는 것이다. 제祭에는 번膰을 잡는 예가 있고 군에는 맥脈을 받는 의가 있는 것은 신의 대절大節이다. 그런데 지금 성자成子는 게을렀다. 이것은 그 명을 버리는 것이다. 이 싸움에서 반드시 죽을 것이다."

과연 그 해 5월 하瑕라는 곳에서 죽었다.

주나라 경왕景王이 무역(종 이름)을 지으려 할 때 냉주구冷州鳩가 말하였다.

"왕은 심질로 죽을 것이다. 소리가 낮아지면 만족치 못하고 옆으로 퍼지면 담지 못한다. 마음에 이로써 감응되는 것이다. 감응되면 참으로 병이 생기는 것이다. 지금 종소리가 옆으로 퍼졌다. 왕의 마음은 견딜 수 없을 것이다. 수명壽命을 오래누릴 수 없을 것이다."

그 이듬해 여름 경왕은 과연 죽었다.

제齊나라 고후高厚가 태자 광光을 도와 제후를 종리鍾離에 모이게 했는데 불경不敬하였다. 사장자士莊子가 말하였다.

"고자高子가 태자를 도와 제후를 모은 것은 사직社稷을 지키기 위함이다. 그런데 두 사람 다 불경을 한 것은 사직을 버린 것이다. 그 화를 면할 수 없을 것이다."

그 후 19년에 제齊가 고후를 죽이고, 또 그 후 6년에 그 임금 광을 죽였다.

노나라 소공昭公 때 일식日蝕이 있었다. 숙첩叔輒이 이것을 보고 통곡하였다.

숙손착이 말하였다.

"숙첩은 죽으리라. 곡하지 않을 때 곡하였다."

과연 그 이튿날 죽었다.

정백鄭伯이 조맹趙孟을 수롱垂隴이라는 곳에 초대하였을 때 정鄭의 자전子展, 백유伯有, 자서子西, 자산子産, 자자대子子大, 숙인단叔印段, 공손단公孫段 등 7명이 각각 생각하는 대로『시경詩經』의 시를 노래하였다.

조맹이 이것을 듣고 일일이 그 사람의 좋고 나쁨을 논평하였는데 과연 하나도 틀림없이 적중하였다.

조趙나라의 거파가 진晉나라에 가서 맹활약할 때 진후晉侯가 이를 초대하였다. 술에 취하자 시를 읊어 진후를 칭찬하였다.

숙향叔向이 이를 듣고 말하였다.

"거 씨遽氏의 자손은 반드시 초楚나라에서 번창하리라. 임금의 명을 받고 민첩하게 행동하기를 잊지 않는다. 거파는 장차 초나라의 정사를 알리

니 지혜롭게 임금을 섬기면 반드시 백성을 잘 다
스리리라."

과연 그 말대로 되었다.

주나라의 정왕定王이 유강공劉康公을 노나라에
파견하였을 때 진물을 대부에게 보내었다. 유강공
이 그곳에 이르러 계문자季文子와 맹헌자孟獻子의
집은 검약한데 반해 숙손선자叔孫宣子와 동문자가
東門子家의 집은 사치스러운 것을 보았다.

유강공이 돌아오니 정왕이 물었다.

"노 대부魯大夫, 누가 어질던가?"

유강공이 대답하였다.

"계 씨季氏, 맹자의 두 집은 노나라에서 길이 영
화롭게 될 것이요, 숙손, 동문 두 집은 망할 것입
니다. 만약 집이 망하지 않는다면 몸이 반드시 편
하지 못할 것입니다. 무릇 검약하면 쓰기에 족하
고, 베풂이 족하면 능히 일족을 보호할 것입니다.

사치스러우면 궁핍한 자를 돌보지 않고, 궁핍한 자를 돌보지 않으면 근심이 반드시 몸에 미칠 것입니다. 신하로서 사치한 것은 반드시 멸망으로 가는 길입니다."

8년이 지나 동문자가는 제齊나라로 망명하고, 또 16년이 지나 숙손선백叔孫宣伯도 또한 제나라로 망명하였다.

하능河陵의 모임에 단양공單襄公이 진나라의 예공을 만나니, 예공이 보는 것이 멀고 걷는 것이 높았다. 진나라의 극수郤犨를 보니 그 말이 솔직하지 못하고, 극지郤至를 보니 그 말이 교만하였다. 제나라의 국좌國佐는 말이 많았다.

단자單子는 이것을 보고 말하였다.

"진나라는 장차 어지러울 것이다. 그 임금과 삼극三郤이 그 장본인이다. 내가 진군晉君의 얼굴을 보고 삼극의 말을 들으니 화가 있으리라. 제나라

의 국좌도 이에 해당한다. 음란한 나라에서 말을
많이 하기를 좋아하니 남의 허물을 말하는 것은
원수 될 근원이다. 선인만이 그것을 받을 수 있는
데 제나라는 그렇지 못하다.”

이후 간왕簡王 12년에 진나라는 과연 삼극三郤을
죽이고, 그 이듬해 진후晉侯도 또한 피살되었다.
제인齊人도 또한 마침내 국좌를 죽였다.

이상은 그 개략이다.

부끄러운 마음을 일으키라(要發恥心)

나의 부족함을 생각하고 깊이 부끄러운 마음을
일으켜야 한다. 옛날의 성인이나 현인도 두 눈은
가로, 코는 세로, 두 수족을 가진 5척의 사람이었
다. 나도 눈, 코, 수족이 같은 사람이 아닌가?

그런데 저들은 어찌하여 성현군자라 불리고 만대의 사표師表가 되었으며, 나는 어찌하여 깨어진 기와조각 같이 마음은 속정에 물들고, 몸은 불의를 행하며, 남이 모르는 줄 알고 부끄러운 마음도 없으며, 평생 소행을 돌이켜보면 사람을 대하는 것은 말할 것도 없고, 일상생활이 금수禽獸와 같은 일생을 보내고 있으니 세상에 낮고 부끄러운 일이 이보다 더한 것이 없다.

맹자가 말하기를,

'부끄러움을 가지는 것은 사람에게 중요한 일이다. 이것이 있으면 성현이 되고 없으면 금수가 된다(치지어인恥之於人 대의大矣 이기득지즉以其得之則, 성현聖賢 실지즉失之則 금수이禽獸耳).'

고 하였다.

이 뜻은 부끄러움이라 하는 것은 사람의 일신상에 관계되는 일이 참으로 크다 할 것이다.

왜냐하면 이 부끄러움을 알고 몸에 간직하면 성현이 되고 이 부끄러움을 잊고 몸을 버리면 짐승이 되는 까닭이다. 이 한 마디 말은 허물을 고치는 진실한 길로 발을 옮기는 첫걸음이다.

두려운 마음을 일으키라

보라, 내 머리 위에는 하늘이 있고, 우리 눈에는 보이지 않지만 제석천이 거기 계시고, 우리 발아래는 땅이 있고, 우리 눈에는 보이지 않으나 거기 신령이 좌정하고 있다. 우리는 이 사이에 있어 천지신명과 함께 가고, 서고, 앉고, 눕고 한다. 내가 도리에 어두워서 아무도 모르는 줄로 생각하나, 천지는 항상 이것을 보고, 귀신은 항상 이것을 감찰하여, 중한 악사惡事에는 여러 가지 재앙을 내리고, 작은 악사惡事에는 현재의 복을 감하여 일일이 공정하게 처리하신다. 어찌 두렵지 않겠느냐.

이뿐 아니라 집안에서 혹은 방 안에 숨어서 여러 가지 좋지 못한 일을 꾸며내고, 사람에게 말할 수 없는 일을 생각해내서 스스로 이런 저런 구실을 만들어 외면을 장식하고, 이것으로 덮어 숨겨질 줄로 생각하나, 내 마음은 천지신명의 마음과 연속되어 있기에 결코 속일 수 없을 뿐만 아니라, 천지신명은 5장 6부 속까지도 꿰뚫어 보시므로, 한 생각의 움직임이나 한 정情의 움트는 것까지 일체 알지 못하는 것이 없다.

사람에게도 그 속이 들여다보이므로 그러한 겉치레는 반 푼어치의 가치도 없는 것이다. 그러니 어찌 몸이 떨리고 마음이 두렵지 않겠느냐?

그뿐 아니라 숨을 쉬고 있는 동안은 회개할 수도

있지만 숨이 끊어지면 어찌할 것인가?

옛사람이 말하기를, 평생 지은 죄를 죽을 때 한 번 크게 회개하고 선심을 발하여 종말을 좋게 마친 사람도 있다 했다. 이것은 일대 용맹심을 발하여 일어나는 일념이므로 능히 일생의 악사惡事를 씻어버릴 만한 힘이 있는 것이다. 이것은 마치 천 년 어둠 속에 잠긴 동굴 속에 한 점 등불이 비칠 때 삽시간에 천 년의 어둠이 사라지고 흔적조차 없어지는 것에 비유할 수 있을 것이다.

그러므로 죄는 옛 것이나 새 것이나 고치는 것이 가장 중요한 일이다.

세상의 무상함을 보라. 인간의 덧없음을 보라. 내쉰 숨이 들어가지 못할 때는 이 몸의 끝이라, 회개하려 한들 어찌 할 수 있겠는가? 그렇다면 이 세상에 아무리 효자 효손이 난다하더라도 씻어버릴 수 없는 악명을 남기는 것이 아니겠는가?

과거에 지은 죄로 세세생생 그 죄책을 견디지 못할 것이다. 이 어찌 두려운 일이 아니겠는가? 속히 두려운 마음을 발하여 회개하라.

용기를 일으키라

용감하고 남자다운 마음을 일으키라는 말이다. 무릇 사람이 허물고치기를 싫어하는 것은 비겁함에 사로잡혀서 과단성이 없는 까닭이다.

한번 용기를 내고 담력을 떨쳐 과거에 지은 죄는 어제 이미 죽은 것으로 알고, 오늘부터 시작하는 선한 일은 새로운 삶의 출발로 삼는 단호한 결심이 필요한 것이다.

비유컨대 독사에게 물린 사람이 주저하면 그 독이 전신에 퍼져 결국 생명을 잃게 되지만, 조금도 지체하지 않고 물린 손가락을 잘라버려 생명을 구하는 단호한 태도와 같다.

이것이 『역경』의 풍뇌익괘風雷益卦(질풍과 우뢰의 괘상)의 가르침이다.

이와 같이 굳센 결심을 일으키는 용기를 발하는 것이라 한다.

그래서 첫 번째의 부끄러운 마음(치심恥心), 두 번째의 두려운 마음(외심畏心), 세 번째의 용기, 이 세 가지 마음을 가지고 허물인줄 알면 삼가고, 죄인 줄 알면 즉시 고치기만 하면, 비록 천만 가지 허물과 죄가 있다하더라도 봄볕에 얼음 녹듯 다 사라지고 흔적도 없을 것이다.

그러나 사람의 허물은 이념상으로 고칠 것과, 사실상으로 고칠 것과, 심리상으로 고칠 것이 다르므로 그 노력이 다르고 효험 또한 다르다.

이에 대하여 들려주겠다.

사실상으로 고친다는 것은 어제까지 살생한 자가 오늘은 삼가하여 죽이지 않고, 어제까지 성내던 자가 지금은 고쳐 노하지 않는 것 같이 어떤 일에 대하여 고치는 것을 의미한다.

이와 같은 치료는 외부로부터 마음에 제압을 받아 되는 것이므로 그 병근病根을 끊기 어렵다.

왜냐하면 그 병근은 마음에 있어서 오른쪽에서 고쳤다고 생각하면 왼쪽에서 일어나고, 앞에서 조심하였다고 생각하면 뒤에서 일어나 완전히 끊어 버린 것이 아니기 때문이다.

그러므로 허물을 잘 고치는 자는 그 일을 금하는 것보다 먼저 그 이유를 밝혀 이치에 따라 치료하는 것이 완전한 것이다.

다음에 이념상으로 고친다는 것은 살생의 예를 들어 말한다면, 천지는 생生을 좋아하고 살殺을 미워한다. 그러므로 살생하기를 즐기는 것은 천지의 마음에 어긋나는 것이다.

또 모든 생물은 아무리 작은 벌레라도 그 목숨을 아끼는 정은 우리 사람과 다를 바 없다.

그런데 그것을 잡아서 나의 욕심을 취하는 것은 참으로 금수의 심정이다.

또 그것을 죽일 때 칼로 베고 냄비에 끓여서 잔인한 고통을 주어 원한을 산다.

생각해 보면 이것은 단지 내 식욕을 위해서 하는 일이다. 깊이 생각하여 본다면 아무리 맛있는 고기라도 목구멍을 넘기면 그뿐이 아닌가. 채소와 무엇이 다르겠는가?

다섯 치의 목구멍의 즐거움을 위하여 남의 중한 생명을 빼앗고 나의 귀한 심성을 해치는 것이 얼마나 어리석은 일인가?

또 목숨 있는 것은 영성靈性이 있다. 그 영성은 나와 일체일물一體一物이라, 비록 내가 부덕하여 성현같이 친하게 지내지 못한다 하더라도, 잔인하게 살상하여 세세에 원수를 맺고 원한을 사는 것은 지극히 미련한 일이다. 사람의 생각이 단 한 번만이라도 여기에까지 미친다면 아무리 작은 살점이라도 목에 넘기지 못할 것이다.

다음 성내는 일도 그 이치를 생각하여 보라.

사람에게 잘못이 있는 것은 지혜가 부족한 데서 오는 것이다. 건전한 판단으로 생각하면 오히려 민망한 일이다.

그러면 저가 나에게 무리를 행한다 해도 이해할 일이지 성낼 일은 아니다. 천하에 독불장군 없고 남을 허물하는 군자도 없다.

왜냐하면 보통 사람은 마음이 좁고 치우친 까닭에 내가 잘못인 줄 알면서도 이것을 고쳐서 따르지 않고, 반대로 내가 옳다고 생각하는 일을 고집하여 성내고 싸우지만, 뛰어난 호걸은 가슴이 큰 바다와 같이 넓으므로, 일과 때를 따라 자유자재로 조화하고 교만하지 않기 때문에 나만 옳다고 고집하는 일이 적다.

또 무지한 사람은 나는 덮어놓고 남만 끌어대는데, 그것이 맞지 않는 때는 함부로 남을 욕하고 원망하나, 학식 있는 사람은 마치 활 쏘는 사람이 과녁을 맞히지 못한 때는 과녁을 허물하지 않고, 내가 잘못 쏜 때문이라고 말하는 것처럼 자기를 반성하는 것이다.

오히려 사람이 나에게 모욕하는 것을 나의 부덕한 소치로 인하여 그에게 감화가 미치지 못한 때문이라 여기고, 비난과 훼방은 다 내가 덕을 쌓지 못하고 행동을 고치지 못한 데 대한 교훈으로 생각하고 도리어 기쁜 마음으로 받아들일 것이다.

또 비록 욕설과 비방을 퍼부어도 이것을 귀 밖으로 흘리고 마음에 담지 않을 때는, 마치 불을 가지고 허공을 치는 것 같아서 아무리 불을 붙여도 탈 것이 없기 때문에 마지막에는 스스로 꺼지는 것이다.

만약 이와 달리 훼방을 듣고 노하여 항변하면 할 수록 내 덕이 손상되는 것이다. 비유컨대 누에가 고치를 만들수록 몸을 움직일 수 없게 되는 것과 같다.

이처럼 분노는 유익이 없을 뿐 아니라 해 됨이 이와 같은 것이다.

그밖에 모든 허물과 악한 일도 일일이 도리에 비추어서 생각하라. 도리가 밝아지면 허물은 스스로 사라질 것이다.

이것을 이념상의 회개공부라 한다.

심리상 회개라 함은 비록 천만의 죄과罪過를 범한다 하여도 이것이 한 마음에서 지어내는 것이므로 내 마음만 움직이지 않으면 죄가 어디서 생겨

나겠는가? 그러므로 학자는 형상形狀, 이름, 생각, 분노憤怒 등의 감정을 일일이 좇아 다니지 않아도 다만 한 마음으로 선사善事를 행하면 되는 것이다.

일심으로 선사만 생각하는 바른 마음이 간단間斷 없이 계속된다면 사념邪念은 스스로 숨어버리는 것과 같다.

옛 성인이 말한바 '오직 정精하고 일―하여 그 중심을 잡으라(유정유일윤집궐중惟精惟一允執厥中).'고 전한 것이 바로 이것이다.

죄과는 마음으로 짓는 까닭에 마음을 고치면 되는 것이다. 마치 땅에서 넘어진 자가 땅에서 일어나는 것과 같다.

또 모든 허물을 고치는 데 먼저 한 마음을 닦는 것은 마치 독한 나무를 제거하는 데는 그 뿌리를 찍으면 되는 것이지 반드시 가지를 자르고 잎을 따지 않아도 되는 것과 같다.

무릇 지혜 있는 사람(최상근인最上根人)은 그 지엽枝葉을 따르지 않고 곧게 일심一心을 닦는 것이다. 일심만 청정清淨하면 사념邪念이 생겨도 곧 알게 되므로 사라진다.

이것을 심리상의 회개공부라 한다.

다만 이 공부를 감당할 수 없는 사람은 먼저 사물과 도리를 밝혀 심리상으로 고칠 것이다. 이것도 감당하기 어려운 사람은 일에 당면하는 대로 고칠 것이다.

상근인上根人으로 하근인下根人의 공부를 착수하는 것은 실책은 아니다. 그러나 하근下根의 수행에만 집착하고 상근上根의 공부에 어두우면 해탈도로는 불완전하다.

허물을 고치고 죄를 없애는 일은 쉬운 일이 아니므로 자력만으로는 힘들다.

그러므로 가까이로는 좋은 스승, 좋은 친구를 따라 그 인도와 조력을 빌고, 멀리로는 신명과 부처님께 서원하여 가호를 빌 것이다.

 일심으로 회개하여 밤낮 게을리 하지 않으면 일주일 혹은 이삼주일을 지나, 혹은 일 개월 또는 이삼 개월 지나면 반드시 그 효험이 있어 마음에 평안을 느끼게 되고, 혹은 지혜가 문득 열려 세상의 이치나 서적의 진리를 환히 알게 된다.

 또한 복잡한 세상에서 마음을 쓰지 않아도 생각하는 바가 다 이치에 맞고, 혹은 평소 사이가 좋지 못한 사람을 만나도 이때까지의 노여움이 문득 기쁨으로 변한다.

 또 검은 물건을 토하는 꿈을 꾸거나, 혹은 신인과 천사와 같이 다니는 꿈, 허공을 날아다니고, 혹은 깃발, 천개天蓋, 등신불과 같은 장엄한 모습을 꿈꾸는 등 여러 가지 신기한 일이 나타난다.

이것은 다 허물과 죄가 소멸되는 증거다. 다만 이같은 징조가 있다하더라도 결코 자만하거나 교만한 생각을 품어서는 안 된다.

 더욱 근신하고 겸손한 마음으로 정진하여야 할 것이다. 신묘한 도리는 무궁무진하므로 개과천선에 어찌 다함이 있겠는가?

 옛날 거백옥이란 사람은 공자孔子도 칭찬한 현인賢人인데, 20세 때에 이미 19세 때의 허물을 알고 이것을 다 고쳤는데, 21세가 되어 생각하니 지난 해에 다 고치지 못한 것이 있음을 깨닫고 힘써 이것을 고쳤다.

 22세가 되어 21세의 일을 회고하여 보니 꿈속과 같은지라, 또 그 잘못을 고치는 등 허물을 고쳐나 갔음에도 불구하고, 50세에 이르니 아직 49세의 잘못을 깨닫게 되었다 한다.

 옛 사람이 허물을 고치는 데 마음 쏟기를 이같이

하였다.

하물며 우리 범부들은 날마다 죄와 허물을 쌓으면서도 이것을 깨닫지 못하는 것은 마음이 어둡고 눈이 가려진 때문이다. 어찌 마음 아픈 일이 아니겠는가.

무릇 죄악이 중한 사람도 징조는 있다. 마음이 어둡고 막혀서 지금 일도 그 자리를 떠나면 곧 잊어버리고, 일도 없는데 늘 번민하고, 바른 사람을 만나면 부끄러워하고 싫어하고, 바른 감화를 받으면 재미없이 생각하고, 남에게 은혜를 베풀고도 도리어 그 사람을 원망하며, 꿈에 놀라고 잠꼬대하며 본심을 잃어버리는 것은 다 악과 죄를 겹겹이 쌓은 결과이다.

만약 이 같은 일이 하나라도 있으면 즉시 분발하여 죄를 간절히 참회하고 선으로 옮기려 힘쓰고 힘써 이 큰일을 그르치지 말아야 할 것이다.

부록 1 ✿

공과격관功過格款
– 운곡 선사의 적선 비결

공과격관功過格款
: 운곡선사雲谷禪師가 전해준 적선積善 공부 비결

이것은 위에 기록된바 운곡雲谷 선사가 이 책의
저자 원요범袁了凡에게 전한 것으로 '공功'은 선한
일, '과過'는 허물과 잘못된 일로 매일매일의 생활
을 선악 두 가지로 수를 계산하여 악은 물리치고
선을 쌓는 적선積善공부의 비결이다.

공과격관功過格款

– 운곡 선사

공격 50조公格五十條
(선한 일에 관한 것)

100공功에 해당한 자

∘ 죽는 사람을 구하여 준 것

∘ 한 여자의 정절을 지켜준 것

∘ 남의 아이를 죽이거나 낙태시키려는 것을 설득
  하여 구해준 것

50공에 해당한 자

∘ 절대絶代(대가 끊기는 것)되는 것을 구하여 계
  속케 한 것

- 무의탁 자를 거두어 양육한 것
- 임자 없는 시체를 매장하여 준 것
- 방탕하여 유랑하는 자를 거두어 준 것

30공에 해당한 자
- 한 사람의 제자를 가르쳐 계戒를 받게 한 것
- 한 사람의 깡패를 교화하여 회개시킨 것
- 죄 없이 누명 쓴 것을 밝혀준 것
- 묘지를 주어 임자 없는 시체를 매장케 한 것

10공에 해당한 자
- 마음 착하고 유능한 자를 추천한 것
- 남에게 해되는 일을 피한 것
- 사람의 마음을 회개시키는 책을 지은 것
- 한 사람의 중병을 고쳐준 것

5공에 해당한 자

○ 소송하는 자를 설득하여 중지시킨 것

○ 좋은 진리로 바른 길을 가르쳐준 것

○ 전도하는 책을 만들어 선전한 것

○ 한 사람의 병자를 치료하여준 것

○ 사람에게 유익한 가축의 생명을 구하여준 것

3공에 해당한 자

○ 부당한 욕을 먹고 성내지 않는 것

○ 비방을 받고 답변하지 않은 것

○ 기분에 맞지 않는 일을 받아들인 것

○ 때리고 책망할 일을 보고 넘긴 것

○ 쓸데없는 하나의 짐승을 구하여준 것

1공에 해당한 자

○ 한 사람의 선한 일을 칭찬한 것

- 한 사람의 악을 덮어준 것
- 사람의 비법非法을 설득하여 중지시킨 것
- 한 번 가서 병을 치료하여 준 것
- 폐품을 수집하여 활용하게 한 것
- 대접받을 것을 받지 않은 것
- 굶주린 한 사람을 구해준 것
- 여행자를 하룻밤 재워준 것
- 정도正道를 말하여 한 사람을 교화시킨 것
- 하는 사업의 이익이 사람에게 미친 것
- 사람이나 짐승의 피로를 구하고 걱정해준 것
- 한 마리의 죽은 새나 짐승을 묻어준 것
- 한 마리 곤충의 목숨을 구한 것

백전1공百錢一功에 해당한 자

- 도로, 교량을 놓거나 수리한 것
- 우물 파고 하천을 뚫어 민중을 이익케 한 것

- 성전이나 종탑, 공양물 등을 수리한 것
- 남을 시켰으면 반감한 것
- 남의 물건을 습득한 것을 돌려준 것
- 남에게 꾸어준 부채를 탕감하여 준 것
- 사람을 교화시키는 문서를 배부한 것
- 곤궁한 자를 구제한 것
- 창고를 짓고 미곡이 쌀 때 좋은 값으로 사고 비싼 때 싼 값으로 판 것
- 차, 약, 의복 등으로 모든 일에 구제하여 준 것

과격 50조過格五十條 (악한 일에 관한 것)

100과過에 해당한 자
- 살인한 것

- 부녀의 정조를 깨뜨린 것
- 남을 시켜 아이를 익사케 하고 낙태케 한 것

50과에 해당한 자

- 후사後嗣를 끊기게 한 것
- 혼사婚事를 파하게 한 것
- 시체를 내다버린 것
- 남을 방랑케 한 것

30과에 해당한 자

- 남이 지키는 계행戒行을 파괴시킨 것
- 비방을 퍼뜨려 명예를 손상한 것
- 비밀을 들춰내 남의 행위에 방해를 끼친 것

10과에 해당한 자

- 유능한 사람을 배척한 것

∘ 사악한 사람을 천거한 것

∘ 정조를 잃은 여자와 접촉한 것

∘ 인축을 살상하는 도구를 장만하여 둔 것

5과에 해당한 자

∘ 세상 법을 어지럽힌 것

∘ 풍속을 문란 시키는 서책을 만든 것

∘ 남의 무죄를 밝힐 수 있는 데도 이를 내버려둔 것

∘ 구원을 청하는 병자를 돌보지 않은 것

∘ 소송하라고 부추긴 것

∘ 남의 별명 짓는 노래를 만드는 것

∘ 남에게 욕설을 퍼부은 것

∘ 도로, 교량을 끊거나 부수거나 방해한 것

∘ 남의 가축을 살해한 것

3과에 해당한 자

○ 부당한 말을 듣고 성낸 것

○ 정해진 순서를 문란케 한 것

○ 취중에 남을 해한 것

○ 책망 받지 않을 사람을 때린 것

○ 두 말을 하여 이간 붙인 것

○ 저속한 의복을 입는 것

○ 사람에게 무익한 짐승이라도 죽인 것

1과에 해당한 자

○ 한 사람의 선을 헛되게 만든 것

○ 사람을 부추겨 싸움을 붙인 것

○ 한 사람의 악을 널리 전파한 것

○ 남의 불법한 일을 찬성한 것

○ 도적을 보고 회유 설득하지 않은 것

○ 임자에게 묻지 않고 바늘 하나, 붓 하나라도 사

용한 것

○ 무식한 사람을 속이고 협박한 것

○ 약속을 등진 것

○ 위신을 잃은 것

○ 근심하고 놀란 사람을 보고 위로하지 않은 것

○ 사람이나 짐승을 불쌍히 여기지 않고 과도하게
   부린 것

○ 물속이나 공중의 곤충을 죽인 것

백전1과百錢一過에 해당한 자

○ 유용한 물건을 무익하게 써버리는 것

○ 남이 이룬 공을 파괴하는 것

○ 남을 등지고 나 혼자만 득을 보는 것

○ 남의 돈을 함부로 남용하는 것

○ 빌려온 채무를 갚지 않는 것

○ 남이 잃은 물건을 감추어 두는 것

○ 관청 이름을 빙자하여 구걸하는 것
○ 교묘한 수단으로 남의 금전 재산을 취득하는
  것

 위의 공과격功過格을 실천하는 사람은 매일 밤
그날에 행한 선한 일, 악한 일을 면밀히 점검하
고, 그것을 이 공과격의 조항에 비추어보고 공과
과를 자세히 그날의 장부에 기재하라. 만약 이 조
항에 없는 일이면 그 예例를 들어 기재하라. 이같
이 하여 월말에 가서 공과 과의 총계를 내어 스스
로 죄와 복의 장래를 점쳐 알라.

부록 2

마음을 다스리자

대조화大調和의 법어法語

법구경

큰 산으로 가는 길에는 깊은 물이 있다.

물은 큰 산을 품어 더욱 깊어지고

산을 물을 따라 내려가 더욱 맑아진다.

마음이 크다는 것은 마음이 깊다는 것이다.

마음이 깊다는 것은 마음이 맑다는 것이다.

도종환 詩 <큰 산 가는 길>

마음을 다스리자

  육체의 병은 마음과 밀접한 관계에 있다. 마음이 건강하면 활력이 샘솟고, 마음이 병들면 건강이 망가져 예측 못할 각종 질병에 시달리게 된다.

  인체란 정신과 육체의 통일체로서 사람들의 열 가지 병 중에 아홉 가지는 마음에서 온다.

  '마음이 맑고 깨끗하면 병이 생기지 않으며 약을 먹지 않아도 병이 저절로 낫게 되는 것이다.'

- <동의보감> 중에서

  그러기에 옛날 의학의 정수에 통달한 성현들은 병들기 전에 정기精氣를 다스렸고, 용렬한 의원들은 병난 뒤에 몸뚱이를 다스렸었다.

  그런데 현대인은 마음의 고향인 자연을 파괴하고 생명의 원천인 식수를 오염시켜, 에이즈, 암, 심장병, 비만증, 정신질환 같은 질병은 말할 것도 없고 마약, 성범죄, 강도, 살인 같은 각종 범죄에 시달리게 되는 것이다.

 사람들이 모여 사는 거리거리마다 이기, 탐욕, 분노, 부패 등이 만연되어 육체적, 정신적 황폐화의 조짐이 나타나고 있다. 지금 우리에게 가장 절박한 것은 이 같은 생태파괴, 환경파괴를 중단하는 일이다.

 질병은 반드시 생활의 왜곡으로부터 온다. 과욕, 과로, 과식 등 무절제한 습관과 타성이 몸의 자연성을 파괴하여 우리의 생명을 단축시키는 것이다. 마치 기계에 기름을 너무 많이 치면 넘쳐흐르게 되고, 적게 치면 기계가 마멸되는 이치와 같다. 인체도 기계와 같아 마음을 조절하고 올바로 먹으면 천수를 누리고, 막행막식을 일삼으면 천수의 절반도 누리지 못하는 것이다.

대조화大調和의 법어法語

　너희들은 천지만물天地萬物과 화해하라. 천지만물과 화해하면 천지만물은 모두 다 네 편이 되리라. 천지만물이 모두 다 네 편이 되면 천지만물 어느 것이 너를 침해侵害하랴.

　네가 무엇으로부터 상해傷害를 입거나 병균病菌이나 악귀惡鬼들의 침범侵犯을 받으면 그건 네가 천지만물과 화해하지 않은 증거이니 반성하라. 그리고 화해하라.

　내가 일찍이 법신불法身佛께 공양供養을 올리기 전에 먼저 네 형제와 화합和合하라고 가르친 것이 곧 이 뜻이었다.

　너희들 형제 중에서 가장 큰 자는 네 부모이니 법신불께 감사하여도 부모에게 감사할 줄 모르는 자는 법신불의 마음에 맞지 않느니라.

 천지만물과 화해하라 함은 천지만물에 감사하라는 뜻이니 참된 화해는 억지로 참는 것이 아니라 진정으로 감사할 때 비로소 이루어지기 때문이니라. 법신불께 감사하여도 천지만물에 감사하지 않는 자는 천지만물과 화해가 아니 되며, 천지만물과 화해가 아니 되면 법신불은 도우려하나 네 그 다툼의 염파念波가 법신불의 구원의 염파를 능能히 받지 못하나니, 너는 마땅히 국은國恩에 감사하라.

 부모에게 감사하라. 스승에게 감사하라. 남편 또는 아내에게 감사하라. 자식에게 감사하라. 부리는 사람에게 감사하라. 모든 사람에게 감사하라.

 그 감사하는 생각 속에서 너는 내 모습을 보고 내 구원救援을 받으리라.

 나는 모든 것의 전체全體이므로 나는 모든 것과

화해하는 자 안에만 깃드나니, 나는 여기에 있다 저기에 있다 하는 것이 아니므로 영매靈媒에게 실리는 일이 없느니라. 그러므로 너희들은 영매靈媒를 통通하여 법신불法身佛을 부를 수 있다고 생각하지 말라.

  나를 부르려거든 먼저 온 천지天地의 모든 것과 화해和解할 때 나는 거기 나타나리라.

※ 법신 : 법신, 보신, 화신의 삼신 부처님 중에서 진리의 본체

법구경

법구경은 부처님을 노래한 시집이다. 여기에는 부처님께서 고통과 번뇌에 시달리는 이들을 깨우쳐 주기 위하여 들려주신 간절한 진리의 시구詩句가 가득하다. 그래서 예로부터 많은 이들이 애송하여 왔다.

쉬우면서도 심오하고 아름다운 법구경의 시들은 불자들에게 인생의 좌우명이 되어줄 뿐만 아니라, 불교를 처음 접하는 이들에게도 좋은 길잡이가 되어준다.

법구경은 고대 인도 말인 빠알리어로 '담마파다'라고 한다. '담마'란 '진리'이고, '파다'란 '말씀'이란 뜻이다. '담마파다'는 곧 '진리의 말씀'이라는 뜻이다.

법구경에 담겨 있는 진리의 시들은 부처님께서 일시에 읊으신 것이 아니라, 사람들에게 어떤 문제가 발생했을 때마다 그 문제를 스스로 해결할 수 있도록 깨우치고자 들려주신 시들이다.

그러므로 한 구절 한 구절에 당시 사람들의 애환과 사연이 담겨있고, 부처님의 생생한 교화敎化의 일화가 담겨있다. 부처님의 가르침에 따라 수행修行을 한 제자들의 이야기가 담겨있기에 감동이 더욱 크다.

아무쪼록 모든 분이 법구경을 읽은 공덕으로 마음의 평화와 깨달음을 얻으시기를 기원한다.

모두가 물거품

사랑하는 사람 가지지 마라
미워하는 사람 가지지 마라
사랑하는 사람 못 만나 괴롭고
미워하는 사람 만나서 괴롭느니.

무엇을 웃고 무엇을 즐기랴
세상은 쉼 없이 타고 있는데
무엇을 탐하고 무엇을 의지하랴
이 세상 모두가 물거품이거늘.

무상

영원하다는 것도 언젠가는 다 사라지고
높다는 것도 언젠가는 떨어지네.
모인 것도 언젠가는 헤어짐이 있고
태어난 것도 언젠가는 죽음이 있네.

학문

사람들은 목숨을 위해 의사를 섬기고
남들을 이기고자 부와 권력에 의지하네.
그러나 진리는 지혜 있는 곳에 있나니
남들의 행복을 위해 일하면 세세생생 밝으리.

계율

밝고 지혜로워 계율을 지키고
안으로 바른 지혜를 생각하며
마땅한 그대로 진리를 행하면
스스로 맑아져 괴로움이 사라지네.

마음 집중

스스로 깨닫는 마음을 스스로 안 사람이
바로 부처님의 제자라네.
항상 밤낮으로 생각하라
부처님과 진리와 스님들을.

자비

인자한 마음으로 자비를 행하며
널리 사랑하여 뭇 생명을 건지라.

그러면 열한 가지 좋은 일이 있어
행복이 항상 그 몸을 따르리라.

가령 목숨이 다하도록
천하의 신들을 부지런히 섬기고

코끼리나 말을 잡아 하늘에 제사를 지내도
단 한 번 자비를 행하는 것만 못하네.

참과 거짓

마음은 모든 것의 근본
마음은 주인이 되어 모든 일을 시키네.

마음속에 좋은 생각 품고
그대로 말하고 그대로 행동하면

행복과 즐거움이 저절로 따르네
그림자가 몸을 따르듯.

진실을 진실인 줄 알고
거짓을 보고 거짓인 줄 알면

이것은 바른 소견이니
반드시 참다운 이익 얻으리.

지붕이 촘촘하지 못하면
하늘에서 내린 비가 새듯이

마음을 닦지 않으면
탐욕이 스며들게 되네.

어진 사람에게 물 드는 것은
향내를 가까이하는 것과 같네.

점점 지혜로워지고 선행을 익혀
행동이 깨끗하고 아름답게 되네.

마음

거북이가 머리와 꼬리, 사지를 감추듯
마음을 성처럼 지켜라.
지혜로써 탐욕의 악마와 싸워
이기면 근심이 없으리라.

어둠

잠 못 이루는 사람에게 밤은 길고,
지친 나그네에게 길은 멀어라.
바른 진리를 모르는 어리석은 이에
생사生死의 밤길은 길고 멀어라.

밝은 사람

활 만드는 장인이 활을 다루듯
뱃사람이 배를 다루듯
목수가 나무를 다루듯
지혜로운 사람은 자신을 잘 다루네.

큰 바위는 무거워
아무리 센 바람에도 움직이지 않듯
지혜로운 이는 뜻이 무거워
비방과 칭찬에도 흔들리지 않네.

깊은 연못이
맑고 고요하고 밝은 것처럼
지혜로운 사람이 진리를 들으면
마음이 맑아지고 즐거워지네.

참사랑

마음을 비우고 헛된 생각 없이
흔히들 가는 길에서 벗어나서 가네.
공중의 새가
거침없이 저 멀리 날아가듯이.

해탈의 길

말을 삼가고마음을 지키며
몸으로 좋지 않은 짓을 저지르지 말라.
부처님께서 이와 같은 세 가지 행위를 버리면
해탈의 길을 얻을 수 있다고 말씀하셨네.

천 마디 말

아무리 경전을 많이 외워도
이해하지 못한다면 무슨 이익 있으리.
한 마디 진리의 말씀이라도 이해하고
실천하면 진리를 얻을 수 있으리라.

백만 명을 상대로
한 사람이 싸워 이기는 것보다
자신을 이기는 것이
전사戰士 중에 가장 뛰어난 전사.

사람이 비록 백 년을 살지라도
게을러서 정진하지 않는다면
단 하루를 살지라도
부지런히 노력하며 정진함만 못하네.

나쁜 짓

작은 악惡이라도 가벼이 여겨
재앙이 없으리라 여기지 말라.

물방울이 비록 작아도
점차 모여 큰 그릇 채우듯

죄악도 작은 것이 쌓여
가득 차게 되나니.